Das Veggie Familien Kochbuch

LV·Buch Wir lieben das Landleben.

Sara Ask & Lisa Bjärbo

Das Veggie Familien Kochbuch

Herausgegeben von Ordfront, www.ordfrontforlag.se
Originaltitel Mera Vego

2. Auflage 2016

Übersetzung: Christine Heinzius, Saarbrücken
Fotos: Ulrika Pousette
Gestaltung: Katy Kimbell
Druck: Westermann Druck Zwickau GmbH

ISBN 978-3-7843-5382-1

INHALT

Vorwort

Sollen wir mal raten: Ihre Tochter kam vor kurzem nach Hause und hat verkündet, sie ist ab jetzt Vegetarierin? Sie wollen ein paar neue Rezepte lernen? Ihnen tun die Tiere leid? Sie sind Fleisch langsam über? Sie finden, es wäre gut für die Umwelt, öfter vegetarisch zu essen? Sie haben gesundheitliche Gründe? Ethische Gründe? Ökonomische Gründe? Oder, Moment! Sie fanden einfach nur das Titelbild hübsch?

Ach, völlig egal. Das ist nicht wichtig.

Wichtig ist, dass mehr und mehr Menschen sich vorstellen können, im Alltag häufiger vegetarisch zu essen. Das gilt vor allem für Familien mit Kindern. Auf Seite 9 findet sich eine Liste mit lauter Gründen dafür. Aber wie wäre es, wenn wir diese Liste jetzt mal ignorieren und uns stattdessen auf das Praktische konzentrieren?

Da landen wir wahrscheinlich in einem Geschäft, an einem ganz normalen, grauen Nachmittag unter der Woche, vielleicht an der Fleischtheke. Bei jemandem, der angefangen hat, zur Gemüseabteilung zu schielen und sich fragt: Müssen wir heute wirklich (schon wieder) Fleisch essen? Welche Alternativen gibt es? Für viele bleibt es bei diesem Hinüberschielen, denn es ist ja auch so bereits schwierig genug. Es reicht doch schon, sich Gerichte auszudenken, alles dafür einzukaufen, aus den Zutaten ein Essen zuzubereiten, das pünktlich auf dem Tisch steht und das alle mögen oder wenigstens probieren. Man hat nicht eine Minute über. Und was zum Teufel soll man denn kochen, wenn es auch noch vegetarisch sein soll? Werden alle satt? Bekommen sie alles, was sie brauchen? Muss ab jetzt alles in Grautönen serviert werden und jede Mahlzeit aus einem deftigen Linseneintopf bestehen? Wir haben dieses Buch mit Rezepten gefüllt, die wir in unseren Familien sehr gern zubereiten und essen. Gute vegetarische Gerichte, die (in der besten aller Welten) dem Dreijährigen genauso schmecken wie dem Teenager, den Eltern und der skeptischen, älteren Verwandtschaft. Einige der Rezepte sind so schnell zubereitet, dass man sie selbst wenn einem quengelige Kleinkinder zwischen den Füßen rumlaufen in einer Viertelstunde hinkriegt. Andere brauchen etwas mehr Aufmerksamkeit, werden dafür aber auch umso köstlicher. Wir hoffen, dass Sie Rezepte entdecken, die auch in Ihrem Zuhause zu Leibgerichten werden.

/Sara Ask & Lisa Bjärbo

9 GRÜNDE, HÄUFIGER Vegetarisch ZU ESSEN

1 ES IST GUT FÜR DAS KLIMA UND DIE UMWELT

Die Fleischproduktion verursacht fast ein Fünftel des gesamten Treibhausgasausstoßes der Erde und Tierhaltung verbraucht viele Ressourcen. Indem man weniger Fleisch und mehr Gemüse isst, tut man wirkungsvoll etwas für das Klima.

2 MAN KANN DAS ESSEN EINFACHER VARIIEREN

Wenn man sein Rezeptrepertoire auf mehr vegetarische Gerichte ausweitet, wird es viel einfacher, Abwechslung auf den Tisch zu bringen.

3 FLEISCHSKANDALE ADÉ

Rinderwahnsinn, Hormonfleisch, Antibiotikageflügel – Man hat das Gefühl, ein Skandal jagt den nächsten. Und doch landet immer wieder Fleisch im Einkaufswagen. Je öfter man vegetarisch isst, umso weniger unterstützt man diese Massenproduktion.

4 ES IST LECKER

Es gibt vegetarische Gerichte, die so lecker schmecken, dass man beim Essen vor Glück fast ein paar Tränen vergießt. Es wäre zu schade, wenn Sie die nicht kennenlernen.

5 ES TUT DEM KÖRPER GUT

Was gesund ist, ist sicherlich relativ und variiert von Mensch zu Mensch. Aber stellen wir trotzdem mal fest, dass es in der Gemüsewelt nur sehr wenig Ungesundes gibt. Wenn man sich ganz vegetarisch ernährt, verringert man zum Beispiel das Risiko für Herz-Kreislauferkrankungen, Diabetes und gewisse Krebsarten.

6 TIERE SIND SO SÜSS

Googeln Sie zum Beispiel mal nach „Lamm mit Flasche" oder „Kalb auf wackeligen Beinen", dann sehen Sie es. Sehr süß. Sehr lebendig. Manchmal fühlt es sich leichter an, stattdessen eine Zwiebel zu schnippeln.

7 ES IST BILLIGER

Wenn man sich nicht gerade darauf versteift, massenweise sündhaft teure Fleischersatzprodukte zu kaufen oder sich nur noch von Luxuskäse zu ernähren, stehen die Chancen gut, dass Ihre vegetarische Mahlzeit ziemlich billig wird.

8 MAN RISKIERT KEINE LEBENSMITTELVERGIFTUNG

Sehr oft jedenfalls. Besonders, wenn man sich vegan ernährt. Die allermeisten Lebensmittelvergiftungen rühren nämlich von Bakterien in tierischen Produkten.

9 GEMÜSE IST BUNT

Das wird besonders deutlich, wenn man einen kleinen Versuch anstellt. Schauen Sie zuerst eine Weile eine Fleischtheke an. Gehen Sie dann weiter zur Gemüse- und Obstabteilung und machen Sie dasselbe. Sehen Sie hin. Die Farben des Gemüses sind nicht nur hübscher, sie sind auch gesund. Die unterschiedlichen Farben liefern unterschiedliche, schützende Stoffe und je mehr (natürliche) Farben man auf seinem Teller versammelt, umso besser. Das wird einfacher, wenn man vegetarisch isst.

fragen UND ANTWORTEN ZUM BUCH

VEGETARISCH – WAS BEDEUTET DAS?
Das Wort „vegetarisch“ bedeutet pflanzlich. Aber in der Alltagssprache meint man meist lakto-ovo-vegetarische Ernährung, wenn man von „vegetarischem Essen“ spricht und das ist auch unser Ausgangspunkt in diesem Buch. Das bedeutet, dass in den Rezepten weder Fleisch noch Fisch oder Geflügel auftauchen, aber sie können Milchprodukte oder Eier enthalten. Es gibt auch Rezepte, die vegan sind – also ganz ohne Tierprodukte – und Rezepte, die sich leicht vegan variieren lassen. Die sind als „vegan“ gekennzeichnet. In keinem Rezept kommen Fleischersatzstoffe wie Quorn oder Tofuhack vor.

WIRD WIRKLICH DIE GANZE FAMILIE DAS ESSEN MÖGEN?
Es wäre verrückt von uns, wenn wir versprechen würden, dass alle Menschen in allen Familien alle Rezepte in diesem Buch mögen werden, denn das stimmt natürlich nicht. Menschen mögen unterschiedliche Dinge, und Kinder sind bei Tisch am schwierigsten zufriedenzustellen. Besonders wenn es um neue Rezepte geht, die sie nicht kennen. Wir haben versucht, an die ganze Familie zu denken, als wir die Rezepte entwickelt haben. Ein Teil der Rezepte richtet sich vor allem an Kinder, ein Teil eher an Erwachsene. Wir finden, so darf es sein, wenn man für eine Familie kocht. Manchmal freuen sich die am meisten, die Pfannkuchen lieben, manchmal die Chilifans. Und es ist am besten, wenn alle mal probieren.

KINDER UND VEGETARISCHES ESSEN – KLAPPT DAS?
Eine der häufigsten Fragen, die aufkommt, wenn man die Wörter „Kind“ und „vegetarische Ernährung“ in einem Satz erwähnt, ist die, ob

das vegetarische Essen wirklich genug Nährstoffe für die Entwicklung des Kindes enthält. Oder, etwas weniger fein formuliert, „verhungern die Kinder nicht?“ Diese eventuelle Sorge kann man getrost vergessen. Vegetarisches Essen kann man problemlos Kindern geben, sogar Babys. Wenn man seine Familie ausschließlich vegetarisch oder vegan ernähren möchte, wäre es gut, sich in das Thema ein bisschen einzulesen, um zu erfahren, wie man das Essen ausreichend variiert und welche Lebensmittel besonders wertvoll sind. Dieser Rat gilt übrigens für alle, auch für Allesesser.

WAS IST MIT DEN PROTEINEN?

Proteine sind wichtige Bausteine des Körpers und finden sich in allen Zellen. Es ist wichtig, genügend Proteine zu sich zu nehmen, um sich gut zu fühlen und neue Zellen und Muskeln aufzubauen. Manchmal wedeln Leute mit kleinen, roten Warnflaggen und rufen was von wegen Proteinmangel, wenn es um vegetarisches Essen geht. Das ist unnötig. In vegetarischem Essen finden sich Unmengen von guten Proteinen: In Bohnen, Linsen, Erbsen und Sojabohnenprodukten, wie zum Beispiel Tofu, in Nüssen, Samen, Quinoa, Käse, Eiern und Milch – um nur ein paar Nahrungsmittel zu nennen. Eigentlich müsste man sich schon anstrengen, um zu wenig Proteine zu sich zu nehmen. Studien an Kindern in Skandinavien, die alles essen, zeigen, dass sie 2-3 Mal so viel Protein zu sich nehmen als sie brauchen, heute essen die Menschen häufiger zu viel Protein als zu wenig. Und solange man nicht vorhat, sein Leben lang nur noch Nudeln und Ketchup zu essen, kann man sich entspannen. Es besteht keine Gefahr, dass jemand in der Familie von gutem, vegetarischem Essen einen Proteinmangel bekommt.

UND DAS EISEN?

Der menschliche Körper braucht Eisen. Bekommt er nicht genug Eisen, wird er müde und produziert keine roten Blutkörperchen mehr, und das ist sicher nicht gut. In vegetarischem Essen findet man Eisen zum Beispiel in Erbsen, Linsen, Bohnen, Tofu oder anderen Sojaprodukten, Nüssen, Samen (besonders Kürbiskernen), Quinoa, grünem Blattgemüse, Eigelb und Trockenobst (vor allem in getrockneten Aprikosen). Doch während man Leute, die mit Warnflaggen wedeln und Proteinmangel schreien, entspannt ignorieren kann, sollte man Leute mit Warnflagge, die Eisenmangel schreien, etwas ernster nehmen. Wenn man sich ausschließlich vegetarisch ernährt, ist es gut, die Eisenquellen zu kennen, nicht zuletzt, weil sie oft auch noch viele andere Nährstoffe enthalten. Und es ist immer gut, etwas Vitamin C-Reiches zu essen. Dadurch nimmt der Körper die Art von Eisen, die sich in vegetarischem Essen findet, besser auf. Vitamin C steckt in den meisten Gemüse- und Obstsorten.

WARUM SO VIEL RAPSÖL?

Wir verwenden gern Rapsöl in unseren Rezepten, und zwar weil Rapsöl eine gute Quelle für Omega-3 Fettsäuren ist. Die wichtigen Omega-3-Fettsäuren kann der Körper nicht selbst herstellen, wir müssen sie über das Essen aufnehmen. Und da vegetarisches Essen nur sehr wenige Omega-3-Fettsäuren enthält, ist es eine gute Idee, zum Beispiel Olivenöl oder Butter wenn möglich gegen Rapsöl auszutauschen.

MAT
SPD
ENHANCED PERFORMANCE
Memo
To Do
Remember
SPARRISSOPPA
JORDNÖTSTOFU m. RIS
UGNSPANNKAKA
DILLBÖNBIFFAR m. KLYFTPOTATIS
PASTA MED OSTSÅS
Asparagi Verdi
€5,80
34,90

CHAOS

Es gibt Tage, an denen die Zeit einfach nicht reicht. Oder auch die Energie. Wenn die Familienmitglieder so hungrig sind, dass das Essen eigentlich schon vor einer Viertelstunde auf dem Tisch hätte stehen sollen, sich in der Spüle das eklige Geschirr von morgens stapelt und man den Kartoffelschäler partout nicht findet, obwohl man sogar schon ganz unten in der Obstschale gesucht hat, nur zur Sicherheit. Es gibt solche Tage und dann muss man Joghurt und Brot zu Abend essen.

Dann gibt's Tage, die einen Tick besser sind. Da kann man sich vorstellen, eine halbe Stunde fürs Kochen aufzuwenden, aber keine Sekunde mehr. Für solche Tage sind diese Rezepte gedacht.

MAISKÜCHLEIN
mit Kokosmilch

Pfannkuchen, Crêpes oder Waffeln? Wenn die Kinder in unserer Familie das Menü bestimmen dürften, dann würde das als Variation reichen. Immer. Aber als Erwachsener sehnt man sich schneller nach etwas Neuem.

1. Weizenmehl und Salz in einer Schüssel mischen. Kokosmilch und Eier dazugeben und zu einem glatten Teig verrühren. Mais und süße Chilisauce dazugeben und die Pfannkuchen bei mittlerer Hitze braten.
2. Koriander hacken und in den Joghurt rühren. Zusammen mit etwas süßer Chilisauce zu den Maisküchlein servieren.

3-4 PORTIONEN
120 g Weizenmehl
1 Msp Salz
400 ml Kokosmilch
2 Eier
210 g Mais
1-2 EL süße Chilisauce
Fett zum Braten

Außerdem
ein halber Bund frischer Koriander
150 g dickflüssiger Joghurt (10 % Fett)
süße Chilisauce

WAS IST DAS? DAS MAG ICH NICHT!
Kinder zwischen zwei und fünf Jahren sind am skeptischsten, wenn es um neue Rezepte und Geschmäcker geht. Da ist die Angst vor Neuem am größten, und es ist schwierig, sie auch nur zum Probieren zu bringen. Geduld heißt das Zauberwort: Vielleicht darf ein bisschen Essen nur zum Ansehen auf den Teller? Vielleicht kann man es irgendwann einmal probieren? Aber nicht verzweifeln, wenn es Wochen, Monate oder sogar Jahre dauert - Viele brauchen mindestens 15 Kostproben, bis ein neuer Geschmack angenommen wird.

VEGAN

Nudeln ohne Ei und vegane Einlagen wählen, wie z.B. Avocado, Pfifferlinge (in Öl angebraten), Bohnen, Mais und Artischocken. Den Zaziki weglassen und das Mandelpesto ohne Käse zubereiten.

PASTA
IN TAUSEND SCHÜSSELN

Hiermit gehen wir auf Nummer sicher, wenn wir spontan Menschen unterschiedlichen Alters zum Essen einladen möchten. Und natürlich ist es nichts Neues, einen Nudelsalat zu mischen – Doch das Besondere hier ist gerade, ihn nicht zu mischen. Viele Menschen (besonders kleine Kinder) betrachten alles, was auf dem Teller wie eine einheitliche Pampe aussieht, sehr misstrauisch. Serviert man stattdessen alle Zutaten in einzelnen Schüsseln und lässt alle am Tisch sich selbst bedienen, so dass sie nehmen, was sie gern möchten, geht man diesem Problem aus dem Weg. Und vielleicht trauen sich sogar die vorsichtigsten Gäste, ihre Zutatenliste langsam zu erweitern?

4 PORTIONEN
ca 350 g Pasta (oder nach Appetit)
Pesto (gekauft oder selbst gemacht, s. Rezept weiter unten)
Zaziki (s. Rezept weiter unten)
5-6 weitere Zutaten, zum Beispiel:
- ***Brokkoli***
- ***Kidneybohnen, gekocht oder aus der Dose***
- ***Kichererbsen, gekocht oder aus der Dose***
- ***Mais***
- ***Gurken***
- ***kleine Tomaten***
- ***marinierte, sonnengetrocknete Tomaten***
- ***marinierte Artischocken***
- ***Avocado***
- ***Pfifferlinge + Fett zum Braten***
- ***Mozzarella***
- ***Oliven***
- ***Kapern***

1. Die Nudeln nach Packungsanweisung kochen.
2. Die Einlagen vorbereiten: Brokkoli in kleine Röschen teilen und in Salzwasser kochen, Bohnen/Kichererbsen/Mais abspülen, Gemüse waschen und klein schneiden und die Pfifferlinge in Öl oder Butter anbraten. Alles auf einzelne Schalen verteilen

Zaziki

Ein Zaziki ohne Gurken, ist das überhaupt Zaziki? Vielleicht nicht. Aber es ist lecker.

200 g dickflüssiger Joghurt (10 % Fett)
2 TL Weißweinessig
1 EL Olivenöl
etwas Knoblauch
etwas Salz

Joghurt, Essig und Öl mischen. Mit gepresstem Knoblauch und Salz abschmecken.

KRÄUTERMANDELPESTO

Es ist super leicht, Pesto selbst zu machen, einfach alle Zutaten in eine Schale geben und vermischen. Dieser hier ist mit Mandeln!

65 g Mandeln (ganz, mit Schale)
2 Bund Kräuter, z. B. Basilikum und Thymian oder Petersilie
50 g guter Käse, z. B. Parmesan
ca 150 ml Olivenöl
etwas Salz
eventuell etwas Knoblauch

Alles außer Salz und Knoblauch in eine Schüssel geben und mit einem Stabmixer pürieren oder mit Mörser und Stößel zerstoßen. Mit Salz und eventuell etwas Knoblauch abschmecken.

GELBE LINSENSUPPE
MIT KOKOS

Eine schnelle Suppe, die durch unterschiedliche Toppings leicht variiert werden kann. Sehr gut passen zum Beispiel gewürfelte Paprika, geröstete Kichererbsen oder Croutôns.

1. Die Zwiebel grob hacken, die Möhre schälen und grob schneiden. Mit Curry und Kurkuma in einem Topf anbraten.
2. Kokosmilch, Linsen und den Großteil des Wasser dazugeben und zugedeckt 15-20 Minuten köcheln lassen, bis die Linsen weich sind. Die Suppe pürieren oder so belassen.
3. Bis zur gewünschten Konsistenz Wasser hinzufügen. Mit Salz, Pfeffer und Zitrone/Limette abschmecken und mit Koriander und Toppings servieren.

VEGAN Veganes Topping wählen

GERÖSTETE KICHERERBSEN Eine Dose Kichererbsen abtropfen lassen. Die Kichererbsen in eine trockene, heiße Bratpfanne geben und ein paar Minuten hin- und herrollen lassen. Olivenöl darüber geben, eine Knoblauchzehe hacken und leicht anbraten. Mit etwas Salz abschmecken und servieren!

4 PORTIONEN
1 Zwiebel
1 große Möhre
2-3 TL Curry
1 TL Kurkuma
Rapsöl zum Anbraten
400 ml Kokosmilch
180 g getrocknete gelbe Linsen (rote gehen auch)
700-800 ml Wasser
Salz und Pfeffer
Saft einer Zitrone oder Limette

<u>Außerdem</u>
Koriander nach Belieben
Toppings, z. B. gehackte Paprika, geröstete Kichererbsen oder Croutôns

<u>Dazu</u>
Brot

GRÜNE CARBONARA

Ein cremiges Pastarezept, bei dem der traditionelle Speck gegen alle möglichen Gemüse ausgetauscht wurde, aber die Basis aus Nudeln, Eiern und Parmesan bleibt. Es ist nicht dasselbe. Aber es ist lecker!

4 PORTIONEN

Tagliatelle für 4 Personen
600 g grünes Gemüse
Zum Beispiel:
1 Brokkoli
1 Bund Spargel
1 Handvoll Zuckerschoten
1 Avocado
70-80 g geriebener Parmesan
3 Eigelbe
100-200 ml Sahne
25 g Petersilie
Salz und Pfeffer
Saft einer Zitrone
Eventuell weitere Eigelbe zur Dekoration

1. Die Nudeln nach Packungsanweisung kochen.
2. Währenddessen das Gemüse klein schneiden, dann Brokkoli und Spargel ein paar Minuten in Salzwasser kochen.
3. Parmesan reiben und in einer Schale mit dem Eigelb vermischen.
4. Die heißen Tagliatelle mit der Parmesanmischung verrühren. Sahne dazu geben, bis die Pasta cremig genug ist.
5. Gemüse und gehackte Petersilie hinzufügen und unterrühren. Mit Salz, Pfeffer und Zitrone abschmecken. Wenn man will, kann man zur Dekoration ein rohes Eigelb auf jede Portion Nudeln geben.

VEGETARISCHER KÄSE

Die meisten Käse, die man in einem normalen Geschäft an der Käsetheke kaufen kann, enthalten Lab, ein Enzym, das aus Kälbermägen gewonnen wird. Wenn man strikt vegetarisch essen möchte, sollte man Lab vermeiden. Mit ein bisschen Detektivarbeit findet man oft einen Ersatz, aber dafür muss man die Inhaltsstoffe genau lesen. Achten Sie auf mikrobielles Lab, dem vegetarischen Ersatz für Kälberlab. Wenn von vegetarischem Käse gesprochen wird, so ist meist der Käse ohne tierisches Lab gemeint.

ERDBEERSALAT

MIT BULGUR

Wenn Sie das nächste Mal am Grill stehen und überlegen, was man zu dem, was da gerade brutzelt, servieren kann, dann kommt hier die Antwort. Oder vergessen Sie den Grill. Dieser satt machende Salat kann auch ganz für sich allein stehen.

1. Bulgur nach Packungsanweisung kochen.
2. Erdbeeren waschen und zusammen mit der Avocado in Stücke schneiden.
3. Nüsse in einer trockenen, heißen Pfanne rösten. Aufpassen, dass sie nicht anbrennen! Dann die Nüsse hacken und mit den abgetropften Kichererbsen und Koriander in einer großen Schüssel mischen.
4. Das Dressing zusammenrühren.
5. Spargel, Mais, Halloumi oder Riesenchampignons grillen oder braten und mit dem Dressing in einer extra Schüssel servieren, so dass man nach eigenem Geschmack dosieren kann.

VEGAN

Den Honig gegen z.B. Ahornsirup austauschen und den Halloumi weglassen.

4 PORTIONEN

Bulgur für 4 Personen (gern den ganzen, bei dem die Körner größer sind)
500 g frische Erdbeeren
2 Avocados
120 g geröstete Nüsse, z. B. Haselnüsse oder Cashewkerne (können auch weggelassen werden)
200 g gekochte Kichererbsen (eine Dose)
Frischer Koriander (oder Basilikum) nach Geschmack

Dressing

2 EL Olivenöl
1,5 EL flüssiger Honig (Honig darf Kindern unter einem Jahr nicht gegeben werden)
1 EL Balsamessig
1 TL Dijonsenf
1 TL Zitronensaft
Salz und Pfeffer

Dazu passen gut

Spargel, Maiskolben, Halloumi oder Riesenchampignons

TERIYAKITOFU

MIT ZUCKERSCHOTEN

Ein schnelles und einfaches, japanisch inspiriertes Tofurezept mit der Süße der Teriyakisauce und ein bisschen Schärfe vom frischen Ingwer.
Wenn Sie es gern salziger und weniger süß möchten, dann geben Sie weniger Teriyakisauce und dafür mehr Sojasauce dazu.

4 PORTIONEN
500 g fester Tofu
150 ml Teriyakisauce (fertig oder selbst gemacht)
2 EL japanische Sojasauce
2 EL frischer, geriebener Ingwer
100 g frische Zuckerschoten
Rapsöl zum Anbraten
Ein paar Tropfen Sesamöl (können weggelassen werden)
4 Portionen Eiernudeln
Sesam zur Dekoration

VEGAN

Nudeln ohne Eier benutzen

1. So viel Flüssigkeit wie möglich aus dem Tofu pressen, indem man ihn in ein Küchentuch oder Küchenpapier gibt. Drücken Sie so fest, dass die gesamte Flüssigkeit austritt, aber nicht so fest, dass der Tofu zerbricht. Am einfachsten geht das, wenn der Tofu gefroren war. Den Tofu in ca. 1 x 1 cm große Würfel schneiden.
2. Aus Teriyakisauce, Sojasauce und geriebenem Ingwer eine Marinade mischen und den Tofu einlegen. Am besten geht das in einer Tüte. Mindestens 10 Minuten ziehen lassen oder solange Sie wollen.
3. Die Zuckerschoten waschen und der Länge nach teilen. Die Tofuwürfel aus der Marinade nehmen (aber die Marinade aufheben!) und ungefähr eine Minute mit den Zuckerschoten in Öl anbraten. Eventuell ein paar Tropfen Sesamöl zugeben.
4. Die Eiernudeln nach Packungsanweisung kochen und abschütten. Die restliche Marinade über die Nudeln gießen und vermischen. Den Tofu und die Zuckerschoten vorsichtig unterrühren. Mit ein bisschen Sesam dekorieren.

TERIYAKISAUCE

In den meisten Geschäften gibt es fertige Teriyakisauce zu kaufen (schauen Sie im Asienregal nach, falls es eins gibt!), aber man kann sie auch leicht selbst machen. Die Sauce hält sich gekühlt mehrere Wochen.

Teriyakisauce
150 ml
1 große Knoblauchzehe
1 EL frischen, geriebenen Ingwer
100 ml japanische Sojasauce
50 ml Wasser
2 EL Zucker
2 TL Weißweinessig oder Mirin (japanischer Reiswein)
2 TL Kartoffelstärke

Eine Knoblauchzehe hacken und den frischen Ingwer reiben. Die Sojasauce, Wasser, Zucker, Essig, Ingwer und Knoblauch in einen Topf geben und aufkochen. Den Topf von der Herdplatte ziehen und Kartoffelstärke unterrühren, damit die Sauce eindickt. Dann die Sauce durch ein Sieb geben. Fertig!

TOMATENSUPPE

MIT MAIS UND INGWER

Die angenehme Schärfe in dieser Suppe stammt vom frischen Ingwer und soll sie etwas schärfer sein, dann einfach etwas mehr Ingwer benutzen. Das ist wirklich lecker! Sogar so lecker, dass diese schnelle Suppe das absolute Lieblingsgericht mancher Kinder ist (wir kennen mindestens zwei).

4 PORTIONEN
1 Zwiebel
2 Knoblauchzehen
Olivenöl zum Anbraten
2 x 500 g gewürftelte Tomaten
200-300 ml Sahne
2 EL frischer, geriebener Ingwer
1 Gemüsebrühwürfel
1 Prise Paprikapulver
200 g Mais
Salz und Pfeffer

Wasabipaste
100–200 g Quark
Ein Klecks Wasabi
(oder geriebener Meerrettich)

Dazu
Brot

1. Zwiebel und Knoblauch hacken und in einem Topf anbraten.
2. Die gewürfelten Tomaten und 200 ml Sahne dazugeben, mit Ingwer, Brühe und Paprikapulver einige Minuten zugedeckt köcheln lassen. Wer die Suppe gern pürieren möchte, kann Wasser oder Sahne für eine flüssigere Konsistenz dazugeben.
3. Den Mais abgießen und in die Suppe geben, mit Salz und Pfeffer abschmecken.
4. Den Quark mit einem Klacks Wasabi cremig verrühren. Probieren Sie es langsam aus! Je mehr Wasabi desto schärfer. Dann kann jeder, der möchte, etwas Wasabicreme in seine Suppe geben.

VEGAN

Die Sahne durch ein Sojaprodukt ersetzen.
Den Quark weglassen

TOMATEN

Gewürfelte und passierte Tomaten wirken auf den ersten Blick vielleicht als würde man es sich zu leicht machen. Sollte man nicht lieber in ein sonnengewärmtes Gewächshaus gehen, frische Tomaten pflücken und stattdessen die würfeln? Sie mit eigenen Händen pürieren? Ach ja, das klingt natürlich sehr nett. Aber klingt es nicht auch ein klitzekleines Bisschen unrealistisch, dieses Engagement an einem durchschnittlichen Arbeitstag zu zeigen? Oder überhaupt die Möglichkeit dazu zu haben? So oder so spricht vieles für Tetrapacks mit gewürfelten Tomaten. Gewürfelte und passierte Tomaten sind nämlich fantastische Quellen für das Antioxidans Lycopin, einen Radikalenfänger. Wenn man frische Tomaten isst, bekommt man bei weitem nicht dieselbe Menge davon.

KARTOFFELKÜCHLEIN

MIT THYMIAN UND PREISELBEEREN

Sie haben also noch Unmengen von Kartoffelpüree im Kühlschrank? Wunderbar. Das hier ist das einfachste, schnellste und leckerste Rezept dafür.

1. Alle Zutaten in einer Schüssel mischen. Man sollte mit den Händen Küchlein von einem Zentimeter Dicke formen können, die nicht zu locker sein dürfen. Sollte der Teig zu dünn sein, noch etwas Mehl oder Semmelbrösel dazugeben.
2. Die Küchlein in einer Brat- oder Pfannkuchenpfanne in Butter oder Öl braten, bis sie von beiden Seiten goldbraun sind. Mit Preiselbeermarmelade und Gemüse servieren.

4 PORTIONEN
Kartoffelbrei aus 1,2 kg Kartoffeln
3 Eier
50 g Semmelbrösel
50 g Weizenmehl
1 Prise Salz
1 Prise schwarzer Pfeffer
1 TL getrockneter Thymian
40 g guter, geriebener Käse (zum Beispiel Parmesan)
Butter oder Öl zum Braten

Dazu
Gemüse und Preiselbeermarmelade

KICHERERBSENCURRY

MIT ERDNUSSBUTTER UND LIMETTE

Wenn Elvis Erdnussbuttersandwichs mit Marmelade gegessen hat, dann können wir doch auch Erdnussbutter ins Essen kippen. Das ist sogar gesund, wenn man eine Erdnussbutter nimmt, die nicht überwiegend aus Zucker besteht, und lecker ist es sowieso! Besonders in der Kombination mit Curry, Kokos und Limette.

1. Den Reis nach Packungsanweisung kochen.
2. Zwiebel und Knoblauch fein hacken und mit dem Curry in einem Topf anbraten.
3. Kokosmilch, gewürfelte Tomaten, Kichererbsen und Erdnussbutter dazugeben und aufkochen. Ein paar Minuten ohne Deckel köcheln lassen.
4. Die Bananen in Scheiben schneiden, in den Topf geben und alles mit Sojasauce abschmecken. Mit frischem Koriander, gehackten Erdnüssen, Sambal Oelek und Limettenspalten servieren.

4 PORTIONEN

Reis für 4 Personen
1 Zwiebel
2 Knoblauchzehen
2 TL Curry
Rapsöl zum Anbraten
400 ml Kokosmilch
400 g gewürfelte Tomaten
400 g gekochte Kichererbsen (2 Dosen)
60 g Erdnussbutter
2 Bananen (können weggelassen werden)
Etwas japanische Sojasauce

Dazu

Koriander zum darüber Streuen
70-90 g gehackte Erdnüsse (können weggelassen werden)
Sambal Oelek
1 Limette

NUSSPASTA MIT MÖHREN

Superschnell, supereinfach und oberlecker, für diejenigen, die Nüsse vertragen. Man kann natürlich genauso gut normale Crème fraîche benutzen und die Sauce selbst würzen.

4 PORTIONEN
3 Möhren
1 Zwiebel
65 g Haselnüsse (mindestens)
Rapsöl zum Anbraten
Pasta für 4 Personen
200 g gewürzte Crème fraîche (Tomate/Basilikum passt sehr gut)
Eventuell etwas Milch zum Verdünnen
Salz und Pfeffer

1. Nudelwasser aufstellen.
2. Währenddessen Möhren und Zwiebel reiben.
3. Die Nüsse grob hacken, eine Pfanne ohne Fett erhitzen und die Nüsse ungefähr eine Minute rösten. Rapsöl dazugeben und die Zwiebel und Möhren anbraten.
4. Wenn das Wasser kocht, die Nudeln nach Packungsanweisung kochen.
5. Die Crème fraîche zu den Nüssen und Möhren geben, eventuell mit etwas Milch verdünnen und mit Salz und Pfeffer abschmecken

VEGAN

Nudeln ohne Ei und die Crème fraîche gegen ein Sojaprodukt austauschen.

NÜSSE
Nüsse sind für alle, die nicht gegen sie allergisch sind, gesund. In Nüssen und Samen findet sich nämlich viel von dem, was der Körper liebt: Gesunde Fette, Antioxidantien, Proteine, Ballaststoffe, Vitamine und Mineralstoffe. Sogar Eisen!
Selbst kleine Kinder vertragen Nüsse gut, wenn man darauf achtet, dass die Nüsse feingerieben sind, damit das Kind sich nicht daran verschlucken kann. Und es schmeckt einfach großartig, wenn man seine Mahlzeiten mit unterschiedlichen Nüssen und Samen verfeinert. Vergessen Sie das nicht.

MANGOWRAPS

MIT AVOCADO

Das ist das frischeste und sommerlichste Gericht, das wir kennen, außerdem ist es perfekt für einen Ausflug oder ein Picknick. Aber in dem Fall sollte man es erst kurz vorher zubereiten, damit das Brot nicht völlig vom Dressing durchweicht wird. Dafür den fertig gemischten Mangosalat in einer Box mitnehmen und erst dann ins Brot wickeln, wenn man auf der Picknickdecke sitzt.

1. Mango und Avocado schälen und würfeln, die rote Zwiebel fein hacken.
2. Die Tomaten abwaschen und in Spalten schneiden.
3. Spinat und Kichererbsen waschen. Alles in einer großen Salatschüssel mischen.
4. In einer extra Schüssel Zitronensaft und Olivenöl verrühren. Den Knoblauch dazupressen und mit Salz und Pfeffer abschmecken. Das Dressing über den Salat gießen und mischen.
5. Die Tortillas füllen und zusammenwickeln!

VEGAN

4 PORTIONEN

2 kleine, reife Mangos oder eine große
2 Avocados
1 kleine, rote Zwiebel
1 Zweig Cocktailtomaten (oder 3 normale Tomaten)
Ein paar Handvoll Blattspinat, Rucola oder Feldsalat (ca 30 g)
200 g gekochte Kichererbsen (1 Dose)
8 Stk Tortillas

Dressing

Saft einer Zitrone
3 EL Olivenöl
eine Knoblauchzehe
Salz und Pfeffer

PASTA ROSSA

MIT KNOBLAUCHCHAMPIGNONS

Die Zutaten sehen vielleicht nicht gerade spektakulär aus, aber probieren Sie es, es wird leckerer als Sie sich vorstellen können

4 PORTIONEN
1 Zwiebel
2 Knoblauchzehen
5 Möhren (400 g)
Rapsöl zum Anbraten
500 g gewürfelte Tomaten
1 Gemüsebrühwürfel
200 g Crème fraîche
Pasta für 4 Personen
Oregano oder Basilikum nach Geschmack (frisch oder getrocknet)
Salz und frisch gemahlener Pfeffer
200 g Champignons
Etwas Butter und eine Knoblauchzehe für die Pilze

1. Zwiebel und Knoblauch schälen und hacken. Es macht nichts, wenn das nicht ganz ordentlich wird, schließlich wird am Ende sowieso alles püriert.
2. Die Möhren schälen, grob reiben und kurz mit Zwiebel und Knoblauch anbraten. Die gewürfelten Tomaten, den Brühwürfel und Crème fraîche dazugeben und 15–20 Minuten kochen lassen. Währenddessen die Nudeln nach Packungsanweisung kochen.
3. Die Pilze putzen und vierteln. Die Pilze ohne Fett in einer Pfanne anbraten bis sie etwas trocken werden. Dann Butter und gehackten Knoblauch hinzufügen und noch eine Minute braten. Mit Salz und Pfeffer abschmecken.
4. Die Sauce mit einem Stabmixer pürieren und mit Oregano oder Basilikum und eventuell Salz und Pfeffer abschmecken.

VEGAN

Nudeln ohne Eier verwenden. Die Crème fraîche durch ein Haferprodukt ersetzen und die Pilze in Olivenöl braten.

KNOBLAUCH

Den gehackten Knoblauch ruhig eine Weile liegen lassen, bevor er benutzt wird. Dadurch reagiert er mit der Luft und die gesunden Bestandteile werden aktiver und vertragen die Hitze besser. Außerdem schmeckt es besser, als wenn man den Knoblauch durch eine Knoblauchpresse drückt. Eine fein gehackte Knoblauchzehe kann zum Beispiel gebräunt werden und dabei erreicht sie die hohe Temperatur, die sie braucht, um den besten Geschmack zu entfalten. Gepresster Knoblauch ist zu feucht, um gebräunt zu werden, er kocht stattdessen und wird höchstens hundert Grad warm.

TIPP!

Die Sauce eignet sich auch perfekt als Basis für eine einfache, vegetarische Lasagne. Die doppelte Menge zubereiten und mit Lasagnenudeln in eine ofenfeste Form schichten. Mit Sauce beginnen und enden, mit einem guten, geriebenen Käse bedecken und laut Packungsanweisung der Lasagne überbacken.
Währenddessen: Champignonscheiben in Butter und Knoblauch braten und auf die fertige Lasagne geben.

SELLERIESALAT

MIT ERDNÜSSEN

Sellerie gehört zu den Gemüsesorten, die man entweder liebt oder hasst, und wir geben freimütig zu, dass bisher keine von uns ein Fan von Sellerie war. Aber dieser Salat kann durchaus das Gericht sein, das uns die Seiten wechseln lässt. Er macht fast süchtig und kann allein oder als Beilage gegessen werden.

1. Die Eier für das Dressing kochen und abkühlen lassen. Eier hacken und mit den restlichen Zutaten für das Dressing verrühren.
2. Die Möhren grob reiben und das restliche Gemüse und die Äpfel klein schneiden.
3. Erdnüsse und Petersilie grob hacken.
4. Alle Salatzutaten mischen. Das Dressing extra servieren oder direkt über den Salat geben, je nachdem wie gern alle anderen am Tisch Dressing mögen. Dazu Brot!

VEGAN

Ein anderes Dressing dazu reichen, zum Beispiel eine Vinaigrette.

4 PORTIONEN
3-4 Möhren
4 Stangen Staudensellerie
2-3 Äpfel
2-3 gelbe oder rote Paprika
120 g gesalzene Erdnüsse oder Walnüsse (können weggelassen werden)
80–100 g Petersilie

Dressing
2 Eier (hart gekocht)
2 EL Weißweinessig
6 EL Rapsöl
3 TL Senf
1 EL Zucker
500 g weißer Joghurt
2-3 Knoblauchzehen
schwarzer Pfeffer

Dazu
Brot

BROKKOLIPESTO

MIT PASTA UND HALLOUMIWÜRFELN

Das traditionelle, grüne Pesto wird aus Basilikum hergestellt, aber wenn Sie sich trauen, zu experimentieren, gibt es unendlich viele Möglichkeiten. Hier besteht die Grundlage aus Brokkoli, aber den Brokkoli kann man gegen fast jedes andere Gemüse austauschen. Versuchen Sie doch mal Pesto mit Möhre! Das ist auch sehr lecker.

4 PORTIONEN

65 g Nüsse, Mandeln, Kürbis- oder Sonnenblumenkerne – oder eine Mischung
1 Brokkoli (250 g)
50 g Parmesan
Etwas fein gehackten Knoblauch
Salz und Pfeffer
ca 100 ml Olivenöl
Nudeln für 4 Personen
200 g Halloumi
eventuell Saft einer Zitrone

1. Sie können damit beginnen, die Nüsse/Mandeln/Samen in einer Pfanne ohne Fett zu rösten. Das verstärkt den nussigen Geschmack, ist aber nicht zwingend notwendig, man kann sie auch einfach so unterrühren.
2. Brokkoli klein schneiden und weich kochen.
3. Nüsse/Mandeln/Samen, Brokkoli und Käse mit einem Stabmixer pürieren. Eine Knoblauchzehe hacken und mit Salz und Pfeffer abschmecken. So viel Olivenöl hinzugeben, dass das Pesto eine gute Konsistenz hat.
4. Nudeln nach Packungsanweisung kochen.
5. Halloumi würfeln und goldbraun braten.
6. Das Pesto mit den Nudeln verrühren, Halloumiwürfel und geriebenen Parmesan darüber geben und, falls sie ein Zitronenfan sind, etwas Zitrone darauf tropfen.

VEGAN

Parmesan und Halloumi weglassen, stattdessen Kichererbsen rösten (s. S. 18) und dazu servieren. Nudeln ohne Eier benutzen.

FENCHELSUPPE

MIT HAFERBAGEL

Sich an einem durchschnittlichen Wochentag abends hinzustellen, um Bagels zu backen, während die hungrige Familie durch die Küche tigert, ist wohl keine gute Idee. Aber an einem ruhigen Sonntag vielleicht? Bagels sind lecker, hübsch, und es macht Spaß, sie zu backen, jedenfalls, wenn man das etwas knifflige Formen nicht scheut. Und man kann sie gut einfrieren und an einem dieser durchschnittlichen Wochentage auftauen.

Die Suppe dagegen! Die ist so einfach, dass man sie in einer Viertelstunde zubereitet hat. Und wenn Sie den Geschmack von Fenchel nicht mögen, kann man ihn gegen dieselbe Menge Brokkoli austauschen.

4 PORTIONEN
1 Zwiebel
2 Fenchelknollen
1 großer oder 2 kleine Brokkoli (insgesamt 500 g)
Rapsöl zum Anbraten
900-1000 ml Wasser
1 Gemüsebrühwürfel
350 g TK-Erbsen
Weißer Pfeffer und Salz

Dazu gern einen Klecks Joghurt
200 g dickflüssiger Joghurt (10 % Fett)
1–2 TL geriebener Meerettich oder Dijonsenf oder Wasabi

1. Zwiebel hacken, es muss nicht fein sein. Fenchel und Brokkoli waschen und klein schneiden.
2. Zwiebel kurz in einem großen Topf glasig dünsten und Fenchel und Brokkoli dazugeben.
3. Den größten Teil des Wassers und den Brühwürfel hinzugeben und mit halb offenem Deckel 5–10 Minuten köcheln lassen, bis die Stücke weich sind.
4. Die Erbsen dazugeben, erwärmen und dann die Suppe mit einem Stabmixer pürieren. Bis zur gewünschten Konsistenz Wasser dazugießen und die Suppe mit weißem Pfeffer und eventuell mit Salz abschmecken.
5. Joghurt mit Meerrettich oder Senf oder Wasabi vermischen und dazu servieren.

VEGAN

Joghurt gegen ein Sojaprodukt austauschen.

Das Rezept für die Bagels findet sich auf der nächsten Seite.

HAFERBAGELS

MIT AVOCADO UND FRISCHKÄSE

1. Die Hefe in eine Schüssel bröckeln. Öl und Wasser auf 37 Grad erwärmen und die Hefe darin auflösen.
2. Nach und nach Haferkleie, Honig, Salz und Weizenmehl dazugeben und zu einem geschmeidigen Teig verarbeiten. Wenn nötig, mehr Mehl dazugeben. 45 Minuten gehen lassen.
3. Den Teig auf eine bemehlte Arbeitsfläche geben, in 12 Stücke aufteilen und jedes zu einer Kugel rollen. Einen Finger bemehlen, durch jede Kugel stecken und einen Bagel formen, indem die Kugel um den Finger kreist. Den Ofen auf 225 Grad vorheizen und die Bagel ca. 15 Minuten gehen lassen.
4. Wasser und Zucker in einem großen Topf aufkochen und jeweils ein paar Bagels ca. 2 Minuten kochen. Abtropfen lassen und auf ein Backblech legen. Mit Eiweiß einstreichen und Samen daraufstreuen.
5. Ca. 10 Minuten auf dem mittleren Rost backen, bis die Bagels eine schöne Farbe angenommen haben. Mit Frischkäse, Tomaten, Avocado und roter Zwiebel servieren.

12 BAGELS

1/2 Hefewürfel (25 g)
2 EL Rapsöl
500 ml Wasser
45 g Haferkleie
1 EL Honig (Honig darf Kindern unter einem Jahr nicht gegeben werden)
1,5 TL Salz
600 g Weizenmehl + etwas fürs Backblech
Fürs Kochen ca. 3 Liter Wasser
2 EL Zucker (kann weggelassen werden)

Zum Bestreuen

1 Eiweiß
100-120 g Mohn, Sesam-, Kürbis- oder Sonnenblumenkerne

Dazu

z. B. Frischkäse, Tomaten, Avocado und rote Zwiebel

VEGAN

Statt Honig Sirup nehmen. Die Bagel z.B. mit Sojamilch anstelle von Eiweiß bestreichen. Frischkäse weglassen.

RESTE-RETTUNG

Am allerallerschnellsten hat man natürlich ein Essen zusammen, wenn man die Reste nutzt, die sich schon im Kühlschrank befinden. Außerdem freut das sowohl Ihren Geldbeutel als auch die Umwelt. Aber sonderlich cool oder spannend ist es wohl nicht. Es sei denn, man schafft das Kunststück, die alten, langweiligen Reste in etwas Neues zu verwandeln.

Verwandeln, statt wegwerfeln

PASTASAUCE » SUPPE
Zwiebel, Knoblauch und ein paar Gemüsestücke in einem Topf anbraten, die übrig gebliebene Pastasauce dazugeben, Brühe hinzugießen und kochen, bis alles weich ist. Mit etwas Sahne und Kräutern abschmecken und zu einer cremigen Suppe pürieren.

SUPPE » PASTASAUCE
Die Suppe mit klein geschnittenem, mariniertem Tofu, Kichererbsen oder Halloumi aufwärmen und als Sauce zu Reis oder Nudeln servieren.

PASTA » AUFLAUF
Die übriggebliebenen Nudeln in einer großen Schüssel einfrieren. Wenn die Schüssel voll ist, die Pasta überbacken, z. B. mit einer guten Käsesauce, in Knoblauch angebratenen Champignons und gerösteten Kichererbsen. Oder schauen Sie mal auf S. 52, wo ein Auflaufrezept mit Grünkohl und Edelschimmelkäse steht.

REIS ODER BULGUR » GEBRATENER REIS
Den Reis oder Bulgur im Wok mit fein geschnittenen Gemüsestreifen, Nüssen, Sojasauce und vielleicht ein paar Eiern anbraten. Oder das Rezept auf S. 50 nachkochen.

KARTOFFELN » WAFFELN
Gekochte Kartoffeln machen sich wunderbar im Waffelteig. Einfach pürieren und Kartoffelwaffeln backen, dazu Preiselbeermarmelade. Oder das Rezept auf S. 28 für Kartoffelküchlein mit Thymian und Käse zubereiten.

RISOTTO » PUFFER
Den Risottorest mit Eiern und etwas Semmelbrösel vermischen und Puffer daraus braten, die außen knusprig und innen feucht sind. Mit 30 g Semmelbrösel anfangen und mehr dazugeben bis sich Puffer aus dem Risotto formen lassen.

GEKOCHTES GEMÜSE » PESTO
Mit einem Stabmixer gekochtes Gemüse mit Nüssen oder Samen pürieren, vielleicht noch Knoblauch, Olivenöl und Parmesan für ein Pesto dazugeben, das man z. B. mit Nudeln isst.

ALLES ANDERE » OMELETTE
Okay, »alles andere« ist vielleicht ein bisschen übertrieben, aber erstaunlich viele Reste kann man mit Zwiebel und Knoblauch in einer Pfanne anbraten und dann ein Omlette darüber geben. Oder im Ofen eine Frittata backen.

NORMALER ALLTAG

So. Da sind Sie also. Es ist ein Dienstag im Oktober und Sie stehen in der Küche und fühlen sich … ausgeglichen? Sie haben eine gute halbe Stunde Zeit, um das Essen zuzubereiten. Vielleicht sogar eine dreiviertel Stunde, zu Hause ist alles unter Kontrolle, nichts zu spülen, der Kartoffelschäler bereit, die Ärmel hochgekrempelt, und Sie haben fast Lust, eine Faust zu recken und etwas in der Richtung zu rufen: OKAY, LEUTE, NUR RAN, JETZT GEHT'S LOS … Nein? Nicht?
Na, da haben Sie wohl Recht, wir wollen es auch nicht übertreiben. Ein bisschen anspruchsvolleres Alltagsessen, wie klingt das?

DEFENSE
D'AFFICHER

BURGER

AUS SCHWARZEN BOHNEN

Biss, Biss, diese ständige Jagd nach dem Biss in der vegetarischen Welt ist manchmal ziemlich ermüdend. Aber es macht auch niemanden glücklich, einen Burger zu essen, der sich im Mund wie gebratener Brei anfühlt, da sind wir uns doch einig? Hier lautet die Lösung Cashewkerne, die gerade klein genug gehackt wurden.

4 PORTIONEN

Burger

1 kleine Zwiebel
1 Knoblauchzehe
1 TL gemahlener Kumin
eine Prise Chiliflocken
Rapsöl zum Anbraten
200 g gekochte, schwarze Bohnen (1 Dose)
1 Prise schwarzer Pfeffer
2 Msp Salz
2 gekochte Kartoffeln (200 g)
65 g gehackte Cashewkerne (können weggelassen werden)
70 g Mais
1 Ei
25 g Semmelbrösel
25-50 g Panko (asiatisches Paniermehl, kann durch Semmelbrösel ersetzt werden)

Dressing

2 Avocados
100 g Sauerrahm
Kräutersalz und etwas Knoblauch

Dazu

4 Hamburgerbrötchen
1-2 Tomaten
1 rote Zwiebel
Grüne Blätter, z. B. Spinat

1. Wenn Sie Kartoffelspalten dazu servieren möchten, dann schieben Sie die zuerst in den Ofen. (Siehe Rezept Seite 97.)
2. Zwiebel und Knoblauch für die Burger grob würfeln. Mit Kumin und Chiliflocken weich anbraten. Die Hälfte der abgetropften schwarzen Bohnen, Salz und Pfeffer mit einem Stabmixer o.ä. unterrühren.
3. Die Kartoffeln unter die Bohnen mischen. Die Nüsse hacken und mit dem Mais, den restlichen schwarzen Bohnen, Eiern und Semmelbröseln dazu geben.
4. Den Burgerteig quellen lassen und die Beilagen vorbereiten: Avocado und Sauerrahm pürieren und mit Salz und Knoblauch abschmecken. Zwiebel und Tomate in Scheiben schneiden und die Spinatblätter waschen.
5. Burger formen, in Panko wälzen und ein paar Minuten auf jeder Seite anbraten. Vorsichtig wenden, damit sie nicht auseinanderfallen. Mit den Beilagen servieren.

VEGAN

Eier und Sauerrahm weglassen. Milchfreie Semmelbrösel und milchfreies Brot benutzen.

PANKO
Panko ist eine kleine Revolution für alle Köche, die eine Panade gern extra knusprig und lecker mögen. Also für alle Köche. Sie kennen es vielleicht noch nicht? Panko ist asiatisches Paniermehl, das ein bisschen wie Kokosflocken aussieht. Heute findet man es in den meisten gut sortierten Lebensmittelläden, entweder im „Asienregal“ oder bei den gewöhnlichen Semmelbröseln. Panko wird genauso eingesetzt wie normales Paniermehl, der einzige Unterschied ist, dass es etwas knuspriger wird und daher besser.

GEBRATENER REIS
MIT KNUSPRIGEM CURRYTOFU

Das ist das perfekte Gericht, wenn Reis übrig geblieben ist. Natürlich kann man es auch mit frisch gekochtem Reis zubereiten, aber es schmeckt mit trockenem Reis vom Vortag tatsächlich noch besser.

1. Den Kohl in Streifen schneiden, Zwiebel und Knoblauch hacken, die Zuckerschoten schräg klein schneiden und die Möhren grob reiben. Alles ein paar Minuten im Öl im Wok pfannenrühren. Es ist wichtig, dass das bei großer Hitze geschieht, damit das Gemüse nicht kocht, sondern knusprig pfannengerührt wird, aber natürlich nicht anbrennt.
2. Nach und nach Reis dazugeben und pfannenrühren bis alles gut vermischt ist. Am Schluss Sojasauce mit Zucker unterrühren.
3. Eier, Curry und Salz in einem Teller mischen. Mehl und Panko in zwei andere Teller geben. Den Tofu in ein Zentimeter dicke Scheiben schneiden und zuerst im Mehl, dann in Eiern und am Ende im Panko wenden. In viel Öl in einer Pfanne knusprig und golden braten.
4. Frühlingszwiebeln über den Reis schnippeln und mit Limettenspalten, gehackten Erdnüssen und Sojasauce servieren.

VEGAN

Die Eier weglassen. Den Tofu würfeln und in einer Mischung aus Maisstärke (z.B. Maizena), 1 TL Curry und 1 Prise Salz wenden.

4 PORTIONEN

200 g Weiß- oder Spitzkohl (in Streifen geschnitten)
1 Zwiebel
2 Knoblauchzehen
Eine Handvoll Zuckerschoten (ca. 50 g)
2 Möhren
Rapsöl
ca. 800 g gekochten Reis, z. B. Basmatireis (250 g trockener Reis)
3 EL japanische Sojasauce
2 TL Zucker (kann weggelassen werden)
2 Eier
2 TL Curry
1 Prise Salz
60 g Weizenmehl
100 g Panko (asiatisches Paniermehl, kann durch Semmelbrösel ersetzt werden)

300 g fester Tofu
5–6 Stangen Frühlingszwiebeln

Dazu
1 Limette
120 g gehackte Erdnüsse
Sojasauce

TOFU
Tofu ist eine käseartige Masse, die aus Sojabohnen hergestellt wird. Sie ist vollkommen vegan und enthält viel Protein und Unmengen von Vitaminen und Mineralstoffen. Tofu ist perfekt zum Braten, Frittieren oder für einen Eintopf! Es gibt Tofu in unterschiedlicher Konsistenz von weich bis fest, von pur bis mariniert. Wir benutzen meist festen, puren Tofu in den Rezepten in diesem Buch. Er schmeckt nach nicht viel, man muss sich ein bisschen Mühe beim Würzen und Marinieren geben. Aber das ist es wert! Tofu findet man meist neben dem Käseregal.

GRÜNKOHLAUFLAUF

MIT BLAUSCHIMMELKÄSE

Grünkohl und Blauschimmelkäse – zwei leckere Dinge, die zusammen wenn möglich noch besser schmecken. Wenn Sie noch etwas Pasta im Kühlschrank haben, dann kann die hier perfekt verbraucht werden. Ansonsten kochen sie neue.

4–6 PORTIONEN

1 Zwiebel
3 Knoblauchzehen
200 g frischer Grünkohl
100 g gelbe Pfifferlinge oder frische Champignons
1 kleine Zucchini
Rapsöl zum Anbraten
300 g Nudeln
2 EL Butter oder Margarine
3 EL Weizenmehl
400 ml Milch
100 ml Sahne
140 g Blauschimmelkäse
Salz und Pfeffer
40 g geriebener Käse, z. B. Edamer
Frischer Thymian nach Belieben

1. Den Ofen auf 250 Grad vorheizen.
2. Zwiebel und Knoblauch fein hacken. Grünkohl waschen und den Strunk entfernen. Die Pilze vierteln und die Zucchini in Halbkreise schneiden.
3. Den Grünkohl zuammen mit einer Knoblauchzehe weich dünsten. In eine ofenfeste Form legen.
4. Pilze und Zucchini anbraten. Wenn die meiste Flüssigkeit verdunstet ist, Zwiebel und Knoblauch dazugeben. Währenddessen die Nudeln nach Packungsanweisung kochen.
   Die Nudeln und die Pilzmischung verrühren und über den Kohl in die Auflaufform geben.
5. Butter oder Margarine in einem Topf erhitzen und das Mehl unterrühren. Milch dazugießen und aufkochen. Unter Rühren ein paar Minuten köcheln lassen, bis die Sauce eindickt. Von der Kochplatte nehmen und den Käse hineingeben, rühren, damit er schmilzt. Mit Salz und Pfeffer abschmecken und über die Nudeln gießen. Geriebenen Käse darauf streuen und auf der mittleren Schiene ca. 10 Minuten im Ofen überbacken oder bis der Auflauf hübsch gebräunt ist. Mit Thymian bestreuen.

KOHL
Kohlsorten enthalten ein Enzym, das freigesetzt wird, wenn man ihn schneidet oder darauf kaut. Das Enzym aktiviert unsere körpereigenen Abwehrkräfte.

3 x PFANNKUCHEN

OHNE EIER UND MILCH

Das Geheimnis für geglückte, vegane Pfannkuchen ist einerseits, dass man den Teig ungefähr eine halbe Stunde quellen lässt und andererseits, dass man sich traut, bei ziemlich hoher Temperatur zu braten. So dass die Pfannkuchen außen goldbraun werden und zusammenhalten. Es ist wichtig, nicht zu sparsam beim Fett zu sein und eine gute Bratpfanne zu benutzen. Dann heißt es einfach nur noch loslegen!

1. ENERGIEPFANNKUCHEN

Durch Sojamehl und Rapsöl im Teig bieten diese Pfannkuchen mehr Energie und Nährstoffe. Außerdem schmecken sie sehr lecker und lassen sich in der Pfanne leicht wenden.

3–4 Portionen (ca. 10 Pfannkuchen)

140 g Rågsikt (Mischung aus 60% dunklem Weizenmehl Typ 1050 und 40% Roggenmehl Typ 1150) oder Weizenmehl pur
4 EL Sojamehl
1 Msp Salz
600 ml Soja- oder Hafermilch
1 EL Rapsöl
1 TL Backpulver
Öl oder flüssige, milchfreie Margarine zum Anbraten
Dazu z. B. Beeren, Obstsalat, Schokoladensauce, Marmelade, Sojasahne, Bananenstücke und Erdnussbutter oder Apfelstücke und Zimt.

2. MANDELPFANNKUCHEN

Leicht süße Pfannkuchen, die nach Mandeln schmecken. Mandelmehl steht normalerweise bei den Backzutaten oder bei Linsen, Samen und Buchweizenmehl.

3-4 PORTIONEN (CA. 10 PFANNKUCHEN)

200 g Weizenmehl
30 g Mandelmehl
1 Msp Salz
600 ml ungesüßte Mandelmilch
1 TL Backpulver
Öl oder flüssige, milchfreie Margarine zum Anbraten
Dazu z. B. Beeren, Obstsalat, Schokoladensauce, Marmelade, Sojasahne, Bananenstücke und Erdnussbutter oder Apfelstücke und Zimt

3. HAFERPFANNKUCHEN

Hafer – immer lecker und außerdem gesund mit gutem Fett, Protein und Mineralstoffen.

3–4 PORTIONEN (CA. 10 PFANNKUCHEN)

120 g Weizenmehl
40 g Haferflocken
1 Msp Salz
600 ml Hafermilch
1 TL Backpulver
Öl oder flüssige, milchfreie Margarine zum Anbraten
Dazu z. B. Beeren, Obstsalat, Schokoladensauce, Marmelade, Sojasahne, Bananenstücke und Erdnussbutter oder Apfelstücke und Zimt.

1. Alle trockenen Zutaten außer dem Backpulver mischen. Die Flüssigkeit und eventuell Öl dazugeben und zu einem glatten Teig verrühren. 20–30 Minuten quellen lassen.
2. Backpulver unterrühren und bei ziemlich hoher Temperatur dünne Pfannkuchen backen. Einen dünnen, guten Pfannenwender benutzen und nicht am Fett sparen. Es soll an den Rändern zischen!

VEGAN

KANEEL

TIPP!
Die Suppe lässt sich auch gut mit gelben, grünen oder schwarzen Linsen oder einer Mischung zubereiten. Nur darauf achten, dass die Suppe solange kocht, bis alle Linsen weich sind. Grüne und schwarze Linsen haben eine längere Kochzeit.

ORIENTALISCHE LINSENSUPPE

MIT HAFERBRÖTCHEN

Diese einfache Suppe haben die Feuerwehrmänner der Feuerwache Johannes in Stockholm mal aus Trinkglässer getrunken und gefragt: „Was ist das denn Leckeres?“ Stellen Sie sich deren Überraschung vor, als die Antwort lautete: Ein ganz normale Linsensuppe.

Linsensuppe
4 PORTIONEN
1 Zwiebel
2-3 Knoblauchzehen
Rapsöl zum Anbraten
2 TL Curry
270 g rote Linsen (getrocknet)
ca. 1,5 l Wasser
1 Gemüsebrühwürfel
4 EL Tomatenmark
250 g TK-Gemüsemischung aus Erbsen, Mais und roter Paprika
Salz und Pfeffer

Dazu
Brötchen/Brot

1. Zwiebel und Knoblauch fein hacken und mit dem Curry in einem Topf anbraten.
2. Die roten, gewaschenen Linsen dazugeben, außerdem Wasser, den Brühwürfel und Tomatenmark und mit halb geschlossenem Deckel 15–20 Minuten köcheln lassen, bis die Linsen weich sind.
3. Die Gemüsemischung dazugeben und warm werden lassen. Mit Salz, Pfeffer und eventuell etwas mehr Curry abschmecken und mit Brötchen servieren.

VEGAN

HAFERBRÖTCHEN

Diese leckeren Brötchen sind außergewöhnlich leicht zu backen, denn man muss keine ordentlichen Brötchen formen. Man kippt den Teig einfach auf eine bemehlte Arbeitsfläche und teilt mit einem Teigschaber oder einem Käsehobel die Brötchen ab. Klasse!

Haferbrötchen
CA. 18 STK
1/2 Würfel Hefe
50 ml Rapsöl
500 ml Wasser oder Milch
160 g Haferflocken
1,5 TL Salz
1 TL Zucker oder Honig (Honig darf Kindern unter einem Jahr nicht gegeben werden)
450 g Weizenmehl + etwas fürs Blech

1. Die Hefe in eine Schüssel bröckeln. Öl und Wasser/Milch auf 37 Grad (handwarm) erwärmen und über die Hefe geben. Rühren, bis die Hefe sich auflöst.
2. Haferflocken, Salz, Zucker und Weizenmehl dazugeben und zu einem glatten, aber recht weichen Teig verarbeiten. 40 Minuten gehen lassen.
3. Auf eine bemehlte Arbeitsfläche geben, den Teig mit bemehlter Hand kurz kneten und dann mit einem Teigschaber Brötchen abstechen. Den Ofen auf 225 Grad vorheizen. Die Brötchen auf dem Blech gehen lassen, während der Ofen vorheizt.
4. Auf mittlerer Schiene 10–15 Minuten backen oder bis die Brötchen schön braun sind.

VEGAN Honig in den Brötchen weglassen.

MELONENSALAT

MIT FETA UND BACKOFENKARTOFFELN

Neue Kartoffeln aus dem Backofen, also mal ehrlich, ist es wirklich nötig irgendwas anderes als Backofenkartoffeln zu essen? Die sind fast lächerlich lecker. Dieser köstliche Salat passt besonders gut in den Sommer, wenn alle Gemüse Saison haben und Wassermelonen billig sind.

4 PORTIONEN
1 kg neue Kartoffeln
2-3 EL Oliven- oder Rapsöl
Ein paar Handvoll Zuckerschoten (ca. 100 g)
Ein paar Handvoll Blattspinat (50 g)
200 g gekochte, schwarze Bohnen (1 Dose)
Eine halbe Wassermelone
Eine Packung Fetakäse (150 g)
Salz und Pfeffer
Frisches Basilikum

1. Die Kartoffeln waschen, halbieren und auf ein Blech legen. Etwas Öl darübergießen und bei 225 Grad 20-30 Minuten backen.
2. In der Zwischenzeit Zuckerschoten, Spinat und schwarze Bohnen waschen und in eine Schüssel geben. Die Melone würfeln oder Kugeln ausstechen. Unter den Salat mischen.
3. Wenn die Kartoffeln gar sind, unter den Salat mischen. Fetakäse darüber bröckeln.
4. Mit Salz, Pfeffer und frischem Basilikum würzen.

VEGAN Fetakäse weglassen

CREMIGES MASALA

Ein milder, aber würziger, indischer Eintopf, der außergewöhnlich lecker ist, dafür, dass er so leicht zuzubereiten ist.

1. Reis oder Bulgur nach Packungsanweisung kochen.
2. Möhren schälen und grob reiben, Zwiebel, Knoblauch und Ingwer hacken. Zusammen mit der Garam masala-Würzmischung eine Minute im Öl anbraten.
3. Gewürfelte Tomaten, Crème fraîche und Brühwürfel dazugeben und 10–15 Minuten kochen lassen.
4. Die Sauce mit einem Stabmixer pürieren. Die Bohnen dazugeben, mit Koriander abschmecken und Mozzarella in Würfel geschnitten untermischen. Mit Reis oder Bulgur servieren und mit Cashewkernen bestreuen.

4 PORTIONEN
Reis oder Bulgur für 4 Personen
4 Möhren (400 g)
1 Zwiebel
2 Knoblauchzehen
1 EL gehackter, frischer Ingwer (kann weggelassen werden)
Rapsöl zum Anbraten
2–3 TL Garam masala-Würzmischung
500 g gewürfelte Tomaten
200 g Crème fraîche
1 Gemüsebrühwürfel
400 g gemischte, gekochte Bohnen (2 Dosen)
Frischer Koriander nach Belieben
Eine Kugel Mozzarella (125 g)
60-120 g gehackte Cashewkerne

VEGAN

Die Crème fraîche gegen Kokosmilch austauschen und den Mozzarella weglassen.

KARTOFFELPFANN-KUCHEN AUS DEM OFEN

Es ist überraschend einfach, rohe, geriebene Kartoffeln im Pfannkuchenteig zu verstecken, ohne dass die Pfannkuchenliebhaber am Tisch den Frevel ahnen. Es funktioniert bei den üblichen, dünnen Pfannkuchen, es klappt auch bei Ofenpfannkuchen, macht sie feuchter und verleiht ihnen mehr Nährstoffe. Wer noch mehr experimentieren möchte, kann die Hälfte der Kartoffeln gegen Möhren austauschen.

4–6 PORTIONEN
6 rohe Kartoffeln
200 g Weizenmehl
1 gestr TL Salz
700 ml Milch
5 Eier
Butter oder Öl für die Form

Dazu
Preiselbeermarmelade
und das Lieblingsgemüse

1. Den Ofen auf 225 Grad.
2. Die Kartoffeln schälen und grob reiben.
3. Aus Mehl, Salz, Milch und Eiern einen Pfannkuchenteig bereiten und die Kartoffeln unterrühren.
4. In eine gut eingefettete Ofenform (cirka 35 x 40 cm) geben und auf mittlerer Schiene 25 Minuten backen, bis der Pfannkuchen fest geworden ist und eine schöne Farbe bekommen hat.

TIPP! Klingen „nur" Pfannkuchen nach zu wenig? Sie schmecken gut mit roten Zwiebeln, Tomaten, Kapern, Rucola und Oliven in kleinen Schüsseln, für diejenigen, die sich mehr Geschmack wünschen

FALAFEL

MIT COUSCOUSPILAW

Echtes Falafel wird eigentlich aus Kichererbsen gemacht, aber hier haben wir gelbe Erbsen genommen und finden, dass das sogar noch besser schmeckt. Beim Falafel ist es wichtig, dass die Erbsen vorher nicht gekocht werden, sondern bloß in Wasser eingelegt. Nur so bekommt der Teig eine gute Konsistenz und die gebratenen Falafel schmecken dann auch nicht einfach wie gegrillter Hummus. Das bedeutet allerdings auch, dass man nicht die Abkürzung über Dosenerbsen nehmen kann, aber es wird so besser und „in Wasser einlegen" ist ja nun wirklich nicht schwer, man muss nur daran denken, es früh genug zu machen.

4 PORTIONEN

Falafel

500 g gelbe, getrocknete Erbsen oder dieselbe Menge getrocknete Kichererbsen
1 Zwiebel
2 Knoblauchzehen
2 TL Kumin
2 TL getrockneter Koriander
1 TL Paprika
1 Msp Chili
1 TL Salz
Ein Bund Petersilie
Saft einer halben Zitrone
Rapsöl

Couscouspilaw

1/2 l Gemüse in feinen Streifen, z.B. Zuckerschoten, Paprika und Zwiebeln (oder eine TK-Mischung)
2 EL Olivenöl
320 g Couscous
½ TL Salz
400 ml Wasser

Dazu

z.B. Zaziki (s. S. 17)

1. Die Erbsen über Nacht (mindestens zwölf Stunden) in einer großen Schüssel in Wasser einlegen. Durch die Feuchtigkeit quellen sie auf, also ruhig eine größere Schüssel nehmen!
2. Zwiebel und Knoblauch grob hacken und kurz mit Kumin, Koriander, Paprika und Chili anbraten. Die Gewürze dürfen nicht anbrennen.
3. Die Erbsen abgießen und mit den Kräutern (auch Salz und Petersilie) und Zitronensaft zu einem glatten Teig verarbeiten, z. B. in einer Küchenmaschine. Mit ein bisschen Geschick funktioniert auch ein Stabmixer.
4. Falafel formen. Wenn der Teig zu weich ist, etwas Weizenmehl dazugeben. Ist er zu fest, etwas Wasser.
5. Das Gemüse für den Couscouspilaw in Streifen schneiden und kurz in einem Topf anbraten. Das Couscous dazugeben und umrühren. Wasser und Salz darüber gießen und abgedeckt aufkochen lassen. Den Topf von der Herdplatte nehmen und ein paar Minuten quellen lassen, dann umrühren und eventuell etwas Öl dazugeben.
6. Die Falafel in einer Pfanne in Öl goldbraun braten.
7. Eine passende Sauce rühren, z. B. ein Zaziki und servieren

VEGAN Eine vegane Sauce dazu reichen.

Panierte Aubergine, Zucchini und Kürbis.
Rezept auf der nächsten Seite.

PANIERTE AUBERGINE, ZUCCHINI UND KÜRBIS

Die Grundidee beim Panieren ist immer dieselbe, egal, welche Panade man am liebsten mag. Zuerst in Weizenmehl wälzen, dann in Eiern und am Schluss in der ausgewählten Panade, zum Beispiel Kokosflocken oder gehackte Nüsse. Wenn Sie noch nie etwas in Parmesan und Sonnenblumenkernen paniert haben, dann tun Sie es jetzt. Dadurch wird eine Aubergine wirklich veredelt.

4 PORTIONEN
1–2 Auberginen/1–2 Zucchini/1 Stück Kürbis (ca. 350 g)
Kräutersalz und Pfeffer
100 g Weizenmehl
2 Eier
+ eine der folgenden Panadevarianten
a. 100 g Semmelbrösel mit 1,5 EL Senfpulver oder getrocknetem Oregano
b. 150 g Kokos mit 1–2 TL geriebener Limettenschale
c. 150 g Parmesan und 120 g Sonnenblumenkernen
Rapsöl zum Anbraten

1. Die Aubergine oder Zucchini waschen und längs oder quer in Scheiben von einem halben Zentimeter Dicke schneiden. Beim Kürbis auch die harte Schale entfernen. Auf ein Schneidbrett legen und mit Kräutersalz und Pfeffer bestreuen.
2. Weizenmehl, Eier und die ausgewählte Panade auf drei Tellern vorbereiten. Die Eier mit einer Gabel verschlagen.
3. Jede Scheibe in Weizenmehl, dann in den Eiern und schließlich in der Panade wälzen. Die Parmesan- und Sonnenblumenkernmischung muss man etwas andrücken, damit sie haftet.
4. Bei mittlerer Hitze auf beiden Seiten goldbraun braten und servieren, zum Beispiel mit Reis oder Kartoffelspalten und Hummus (S. 99) oder Rotebeetezaziki (S. 86).

TORTIZZA
MIT DREI VERSCHIEDENEN BELÄGEN

Eine rekordverdächtig schnelle Art, Pizza selbst zu machen, ist, den ganzen Aufwand eines Hefeteigs zu umgehen und stattdessen eine fertig gekaufte Tortilla zu benutzen. Jetzt kann man sich ganz auf den Belag konzentrieren und jedes Familienmitglied kann sich seine eigene vegetarische Pizza zusammenstellen, ohne Geschmackskompromisse eingehen zu müssen.

CURRY, BANANEN UND ERDNÜSSE

4 PIZZAS

4 Tortillas
200 ml Tomatensauce (fertig gekauft oder selbstgemacht, s. S. 71)
160 g milder Käse
2 TL Currypulver
2 Bananen
50 g Erdnüsse

1. Den Ofen auf 250 Grad vorheizen.
2. Die Tortillas auf ein Backblech legen und ca. 50 ml Tomatensauce auf jeder verteilen.
3. Käse und Currypulver darüber streuen.
4. Die Bananen in Scheiben schneiden und eventuell die Erdnüsse hacken (besser wenn Kinder mitessen sollen) und darauflegen. Im Ofen auf der mittleren Schiene ca. 5 Minuten backen oder solange bis der Käse geschmolzen ist und die Pizzas eine schöne Farbe haben.

PFIFFERLINGSPIZZA MIT SPARGEL UND ZUCCHINI

Für einen kräftigeren Geschmack kann man Pfifferlinge, Zucchini und Spargel in Butter und etwas Knoblauch anbraten, bevor man sie auf die Pizza legt.

4 PIZZAS

4 Tortillas
200 ml Tomatensauce (fertig gekauft oder selbstgemacht, s. S. 71)
160 g milder Käse
60 g Pfifferlinge
Ein Stück Zucchini
Ein Bund Spargel
Thymian oder Oregano

1. Den Ofen auf 250 Grad aufheizen.
2. Die Tortillas auf ein Backblech legen und ca. 50 ml Tomatensauce auf jede verteilen.
3. Käse darüberstreuen.
4. Pfifferlinge putzen und halbieren. Spargel waschen und das holzige Ende abschneiden. In Stücke schneiden. Zucchini waschen und in Scheiben hobeln.
   Auf die Pizza legen und im Ofen auf der mittleren Schiene ca. 5 Minuten backen oder solange bis der Käse geschmolzen ist und die Pizzas eine schöne Farbe haben. Thymian oder Oregano darauf streuen.

PESTOPIZZA MIT ARTISCHOCKEN, TOMATEN UND OLIVEN

4 PIZZAS

4 Tortillas
200 ml Tomatensauce
(fertig gekauft oder selbstgemacht)
1–2 Kugeln Mozzarella (ca. 160 g)
ein Kästchen kleine Tomaten
200 g Champignons
eine Dose Artischocken
eine kleine Dose Oliven
4 EL Pesto
Ein paar Handvoll Rucola

1. Den Ofen auf 250 Grad vorheizen.
2. Die Tortillas auf ein Backblech legen und ca. 50 ml Tomatensauce auf jede verteilen.
3. Käse darüberstreuen.
4. Tomaten, Champignons und Artischocken in Scheiben schneiden und mit den Oliven auf die Pizza legen. Im Ofen auf der mittleren Schiene ca. 5 Minuten backen oder solange bis der Käse geschmolzen ist und die Pizzas eine schöne Farbe haben. Pesto und Rucola darüber geben.

SUPEREINFACHE TOMATENSAUCE ZUR PIZZA

1 Zwiebel und 1 Knoblauchzehe hacken und in etwas Öl anbraten. 1 EL Tomatenmark und 500 g passierte Tomaten dazugeben. Mit 1 Gemüsebrühwürfel, 1 TL Zucker, 1 EL Balsamessig und ein paar getrockneten Kräutern würzen, zum Beispiel Oregano. Die Sauce so lange wie möglich köcheln lassen, je länger, umso leckerer.

CREMIGE BLUMENKOHL-SUPPE MIT APFELPFANNKUCHEN

„Iss die Suppe, dann gibt's nachher Pfannkuchen!" Jedenfalls bei uns am Tisch hat dieser Satz den gewünschten Effekt. Das hier ist eine feine Suppe mit Kartoffeln, Topinambur und Blumenkohl. Topinambur muss nicht unbedingt sein, aber er verleiht der Suppe einen guten, besonderen Geschmack und eine cremigere Konsistenz.

1. Den Lauch putzen und in Streifen schneiden, den Blumenkohl in kleine Stückeschneiden. Den Knoblauch hacken.
2. Topinambur und Kartoffeln schälen und in kleine Stücke oder Scheiben schneiden.
3. Alles kurz in einem großen Topf in Öl anbraten und 1,2 Liter Wasser und den Gemüsebrühwürfel dazugeben. 20 Minuten kochen lassen oder bis alles weich ist.
4. Die Sahne dazugeben und die Suppe mit einem Stabmixer pürieren. Bis zur gewünschten Konsistenz Wasser dazugießen und mit Salz und Pfeffer abschmecken.

VEGAN Sahne weglassen.

APFELPFANNKUCHEN MIT ZIMT

Am besten aromatische, regionale Äpfel benutzen, dann werden die Pfannkuchen am besten. Und wenn Sie kein Roggenmehl zu Hause haben, kann man genauso gut auch nur Weizenmehl nehmen.

1. Mehlmischung und Salz in eine Schüssel geben, die Hälfte der Milch dazugießen und zu einem glatten Teig verrühren.
2. Die restliche Milch und Eier dazugeben und den Teig glatt rühren.
3. Die Äpfel schälen und reiben und untermischen.
4. Die Pfannkuchen in einer Pfanne anbraten, dabei nicht am Fett sparen, es muss an den Rändern zischen.
5. Mit halb steif geschlagener Sahne, Zimt und etwas Zucker servieren und vielleicht auch mit ein paar Apfelspalten zum Knabbern.

Blumenkohlsuppe

4 PORTIONEN

1 kleiner Lauch (ca. 200 g)
1 großer Blumenkohl oder 2 kleine (ca. 700 g)
3 Knoblauchzehen
3 Topinambur
3 Kartoffeln (gern mehlig kochend)
Rapsöl zum Anbraten
ca. 1,5 l Wasser
1 Gemüsebrühwürfel
50 ml Sahne
Frisch gemahlenen Pfeffer und etwas Salz
eventuell Erbsensprossen zum Darüberstreuen

Apfelpfannkuchen

4 PORTIONEN

180 g Rågsikt (Mischung aus 60% dunklem Weizenmehl Typ 1050 und 40% Roggenmehl Typ 1150) oder Weizenmehl pur
½ TL Salz
600 ml Milch
3 Eier (4 falls sie klein sind)
1-2 Äpfel (150 g fein gerieben)
Fett zum Braten

Dazu

Schlagsahne, Zimt, Zucker und Apfelscheiben

TOFUSTÄBCHEN

MIT KARTOFFELBREI UND GURKENSAUCE

Sie sind Fischstäbchen so ähnlich (wenn man mal davon absieht, dass die Stäbchen keinen Fisch enthalten), dass sie bei uns Schummelstäbchen heißen und ein Liebling der Kinder sind! Man kann die Stäbchen würzen wie man möchte, indem man die Gewürze in der Marinade austauscht. Hier ist es Estragon und Zitrone, aber wir haben auch schon Senf oder Teriyakisauce als Geschmacksträger ausprobiert. Das war genauso lecker.

4 PORTIONEN

Tofustäbchen

300 g fester Tofu
3 EL japanische Sojasauce
Etwas Zitronensaft (2-3 TL)
1/2 TL getrockneter Estragon
65 g Weizenmehl
1–2 Eier
100 g Panko (Asiatisches Paniermehl. Kann durch Semmelbrösel ersetzt werden.)
Rapsöl

Kartoffelbrei

1,2 kg Kartoffeln
2 EL Butter oder Margarine
Salz und Pfeffer

Gurkensauce

100 g Bostongurken (eingelegte, klein gehackte Gurken)
200 g Crème fraîche
1 Prise Zitronenpfeffer
etwas Salz

Dazu

Gemüse, z. B. Möhre und Radieschen
Zitrone

1. Tofu in Stäbchen derselben Größe wie Fischstäbchen schneiden. Den Tofu durch ein Küchentuch oder Küchenpapier ausdrücken (Siehe Kasten unten).
2. Sojasauce und Zitronensaft zu einer Marinade verrühren und Estragon unterrühren. Die Tofustäbchen am besten in einer Tüte in die Marinade legen. 10 Minuten oder so lange man möchte ziehen lassen.
3. Die Kartoffeln schälen, in Stücke schneiden und in Salzwasser weich kochen.
4. Die Eier in einem Suppenteller verrühren. Mehl und Panko in zwei weitere Teller geben.
5. Jedes Tofustäbchen zuerst in Mehl, dann in Eiern und schließlich in Panko wälzen. Ein paar Minuten auf jeder Seite bei mittlerer Hitze in Öl braten.
6. Wenn die Kartoffeln weich sind, das meiste Wasser abgießen und die Stücke mit Butter oder Margarine zu einem Brei stampfen. Mit Pfeffer und vielleicht etwas mehr Salz abschmecken.
7. Die Zutaten für die Sauce verrühren und mit Gemüse und Zitronenspalten servieren.

DIE KUNST, TOFU ZU MARINIEREN

Tofu schmeckt nach nicht viel, aber er kann Geschmack aufnehmen, zum Beispiel von einer guten Marinade. Am besten wird er, wenn man vorher so viel Flüssigkeit wie möglich aus dem Tofu presst und ihn dann mariniert. Und am allerallerbesten wird es, finden wir, wenn man den Tofu vorher einfriert und ihn vor dem Kochen auftauen lässt. Dann ist es nämlich noch einfacher, ihn auszudrücken.

Um die Flüssigkeit auszupressen benutzt man am besten ein Küchentuch oder ein Papiertuch (oder die blanken Hände!) und drückt vorsichtig auf den Tofu, so dass die Flüssigkeit austritt, der Tofu aber nicht zerbröckelt.

LASAGNE
MIT AUBERGINE UND ZUCCHINI

Auberginen haben keinen starken Eigengeschmack, aber sie sind ganz groß darin, viel Geschmack aufzusaugen. Das macht sie perfekt für eine Lasagne! Aber schneiden Sie sie sehr fein, aus irgendeinem Grund schmeckt diese einfache Alltagslasagne viel besser, wenn man sorgfältig schnippelt.

4–6 PORTIONEN
1,5 kg gewürfeltes Gemüse, z.B. 2 Auberginen und 2 Zucchini
1 Zwiebel
2 Knoblauchzehen
Rapsöl
400 g Crème fraîche
500 g gewürfelte Tomaten
1,5 Gemüsebrühwürfel
Pfeffer und Oregano (frisch oder getrocknet) nach Belieben
ca. 12 Lasagneplatten (getrocknet)
80-100 g geriebener Käse
150 g Feta (kann weggelassen werden)

1. Den Ofen auf 225 Grad vorheizen.
2. Aubergine und Zucchini waschen und in kleine Würfel schneiden. Zwiebel und Knoblauch hacken. In einem großen Wok oder etwas Ähnlichem ein paar Minuten anbraten.
3. Crème fraîche, gewürfelte Tomaten und Gemüsebrühwürfel dazugeben und ca. 10 Minuten kochen lassen. Mit Pfeffer, Oregano und eventuell Salz abschmecken.
4. Den Boden einer Auflaufform (ca. 25 x 30 cm) knapp mit der Sauce bedecken. Die Lasagneplatten darauf legen, dann Sauce und Nudelplatten schichten. In eine Schicht den Fetakäse krümmeln (oder nur in die halbe Lasagne, falls die Kinder sie lieber ohne Feta essen.) Die letzte Lage besteht aus Sauce. Es ist wichtig, dass genug Sauce für die oberste Schicht übrig ist, sonst werden diese Nudelplatten trocken und hart. Mit geriebenem Käse bestreuen.
5. Auf mittlerer Schiene ca. 20 Minuten backen oder so lange wie auf der Lasagnepackung angegeben ist

LINSENCURRY IN ROTER KOKOSMILCH

MIT NAANBROT

Naanbrot ist vielleicht nichts, was man an einem gewöhnlichen Wochentag backt, aber es schmeckt auch wie frisch gebacken und richtig gut, wenn man ein bisschen schummelt, es an einem anderen Tag backt und dann einfriert. Oder auch fertig kauft. Kochen Sie viel Linsencurry, wenn Sie gerade dabei sind, dieses Gericht ist perfekt, um es am nächsten Tag in der Lunchbox mitzunehmen!

Linsencurry

4 PORTIONEN

Reis für 4 Personen
1 Zwiebel
2 Knoblauchzehen
1–2 TL rote Currypaste
Rapsöl
400–500 ml Wasser
180 g getrocknete rote Linsen
400 ml Kokosmilch
2 EL Tomatenmark
1/2 Blumenkohlkopf (ca. 250 g)
Salz und Pfeffer
Ein paar Handvoll Spinat (frisch oder TK)
70–100 g Cashewkerne (können weggelassen werden)
1 Limette

1. Den Reis nach Packungsanweisung kochen.
2. Zwiebel und Knoblauch hacken und mit der Currypaste eine Minute in einer Pfanne oder einem großen Topf in Öl anbraten.
3. Wasser, die gewaschenen Linsen, Kokosmilch und Tomatenmark dazugeben. Zugedeckt ca. 20 Minuten köcheln lassen. Inzwischen den Blumkohl waschen und in Röschen schneiden und ca. 10 Minuten vor Ende der Kochzeit dazugeben. Mit Salz und Pfeffer abschmecken und Spinat dazugeben, wenn das Curry etwas bunter sein soll. Mit gehackten Nüssen, Limettenspalten, Naan und Reis servieren.

VEGAN

Naanbrot

CA. 12 STÜCK

1/2 Würfel Hefe
50 ml Rapsöl
400 ml Milch oder Wasser
1 Ei
0,75 TL Salz
1 TL Zucker oder Honig (Honig darf Kindern unter einem Jahr nicht gegeben werden)
ca. 550 g Weizenmehl + etwas zum Bestäuben

NAANBROT

1. Hefe in eine Schüssel bröckeln. Öl und Milch/Wasser auf 37 Grad (handwarm) erwärmen und über die Hefe gießen. Umrühren, bis sich die Hefe auflöst.
2. Eier, Salz, Zucker oder Honig und Mehl zugeben und zu einem glatten Teig verarbeiten. ca. 40 Minuten gehen lassen.
3. Den Teig auf ein bemehltes Backblech geben und in zwölf Stücke teilen. Lange, flache Naanbrote ziehen, schlagen oder ausrollen. Auf das Blech legen und 10-15 Minuten gehen lassen, während der Ofen auf 250 Grad vorheizt.
4. Die Brote auf der mittleren Schiene ca. 5 Minuten backen, bis sie etwas „aufploppen“ und Farbe angenommen haben. Auf einem Gitter auskühlen lassen. Die Brote, die nicht sofort gegessen werden, einfrieren, damit sie weich und lecker bleiben.

VEGAN

Eier weglassen, Wasser statt Milch und Zucker statt Honig benutzen.

NUGGETS

MIT CURRYMANGODIPP

Es gibt da einen Elterntipp, dass Kinder neues Essen eher probieren, wenn es exakt so aussieht wie etwas, das sie mögen. Gut möglich, dass das ebenso für Erwachsene gilt. Wenn Sie keine Nuggets möchten, dann können Sie aus dem Teig auch Burger braten.

1. Quinoa ohne Salz in 200 ml Wasser 15–20 Minuten zudeckt kochen.
2. Zwiebel hacken und mit Eiern, Mandelmehl, Käse, Sojasauce und Pfeffer vermischen. Gekochten Quinoa und Semmelbrösel auch darunterrühren.
3. Die Möhre in breite Streifen schneiden. Die Pommes frites mit den Möhrenstreifen nach Packungsanweisung zubereiten.
4. Aus dem Teig Nuggets formen und auf jeder Seite bei mittlerer Hitze ein paar Minuten anbraten. Nicht am Öl sparen, die Kruste soll knusprig und golden werden. Die Nuggets vor dem Servieren etwas abkühlen lassen, dann ist die Konsistenz am besten.
5. Die Zutaten für die Sauce verrühren und servieren.

VEGAN

Eier, Käse, Semmelbrösel und Mandelmehl gegen 200 g pürierte Kichererbsen austauschen. Formen und braten und dann zum Beispiel in Guacamole dippen.

4 PORTIONEN

Nuggets

80 g Quinoa (oder ca. 160 g gekocht)
1/2 Zwiebel
2 Eier
60 g Mandelmehl
60 g guter Käse, zum Beispiel Herrgårdskäse
2 TL japanische Sojasauce
1 Prise weißer oder schwarzer Pfeffer
20 g Semmelbrösel
Rapsöl zum Anbraten

Pommes

4 Portionen Pommes frites
2–3 Möhren

Dipp

200 g fester Joghurt (10 % Fett)
150 g Mangochutney (oder ein Babyglässchen Mangobrei für einen milderen Dipp)
1/2 TL Curry

KOHLRABIPOMMES

Knusprige Kohlrabipommes sind super lecker! Schälen und in Streifen schneiden, auf ein Backblech legen, Olivenöl und Salz darüber geben und bei 225 Grad backen, bis sie eine schöne Farbe bekommen haben. Das dauert ca. 20 Minuten.

BOLOGNESE

MIT SCHWARZEN LINSEN

Beim ersten Probekochen war es eine Notlösung. Die roten Linsen waren alle, eine Tüte schwarze Belugalinsen fand sich noch in der Speisekammer und musste als Ersatz herhalten. Und das ist die beste Notlösung, die wir je ausprobiert haben, denn es hat sich tatsächlich zu einem unserer neuen Lieblingsessen gemausert. Unbedingt ausprobieren!

1. Die Möhre schälen und grob reiben. Zwiebel und Knoblauch schälen und hacken.
2. Alles in einem Topf in Öl anbraten, dann Linsen, gewürfelte Tomaten, Crème fraîche, Wasser, Brühwürfel, Zucker, Balsamessig und eventuell Kumin zugeben.
3. Halb zugedeckt ca. 25 Minuten köcheln lassen oder bis die Linsen eine gute Konsistenz haben. Mit einem Stabmixer pürieren oder für eine breiigere Konsistenz etwas länger kochen lassen. Für eine dünnere Sauce mehr Wasser dazugeben. Während die Sauce fertigkocht, die Nudeln kochen.
4. Die Sauce mit Salz, Pfeffer und Basilikum/Oregano abschmecken und mit Nudeln und Parmesan servieren.

VEGAN Nudeln ohne Eier benutzen, und die Crème fraîche durch ein Haferprodukt ersetzen.

4–6 PORTIONEN

1 Möhre
1 Zwiebel
1-2 Knoblauchzehen
Rapsöl zum Anbraten
130 g schwarze Belugalinsen (findet man in den meisten Lebensmittelläden)
500 g gewürfelte Tomaten
200 g Crème fraîche
200 ml Wasser
1 Gemüsebrühwürfel
1 TL Zucker
1 EL Balsamessig (kann weggelassen werden)
etwas Kumin, falls gewünscht
4 Portionen Spaghetti
Salz und Pfeffer
Basilikum oder Oregano (frisch oder getrocknet)

Dazu
eventuell Parmesan

HÜLSENFRÜCHTE

Hülsenfrüchte ist ein Überbegriff für Erbsen, Linsen, Bohnen und anderes, das in Hülsen reift. Das Dumme mit Hülsenfrüchten ist, dass sie weder besonders ansprechend klingen noch aussehen. Wer will schon einen farblosen Linsenmatsch essen? Aber wenn man die Inhaltsstoffe betrachtet, sieht das schon ganz anders aus. Hülsenfrüchte stecken nämlich voller Vitamine, Mineralstoffe, Antioxidantien und besonders guter Ballaststoffe. Außerdem sättigen sie sehr. Ja, und sie schmecken auch noch sehr lecker. Das darf man nicht vergessen

SONNENBLUMENPUFFER

MIT GRÜNER ERBSENCREME

Samen sind voller Nährstoffe, guter Fette, Proteine, B-Vitamine, Eisen und Zink. Mit ihnen kann man sich leicht (und lecker) mit all dem versorgen. Hier werden die Puffer herzhaft serviert, mit Erbsencreme und Gemüse. Aber eigentlich passen sie genauso gut zu Marmelade und Sahne, da sie weder süß noch salzig schmecken.

1. Die Sonnenblumenkerne und die Hälfte der Milch in eine Schüssel geben. Die Mischung mit einem Stabmixer pürieren. Mehl, Salz, Eier und restliche Milch dazugeben und zu einem Teig verarbeiten.
2. Bei mittlerer Hitze kleine Pfannkuchen backen. Nicht am Fett sparen, an den Rändern soll es zischen!
3. Erbsen und Avocado zu einem glatten Püree verarbeiten. Mit Salz, Knoblauch und eventuell etwas Zitrone abschmecken.
4. Die Küchlein sofort mit Erbsencreme, Sonnenblumensprossen, Tomaten und Granatapfelkernen servieren.

4 PORTIONEN
(CA. 15 GROSSE PUFFER)

Sonnenblumenpuffer
180 g Sonnenblumenkerne (natur)
600 ml Milch
120 g Weizenmehl
1 Prise Salz
3 Eier
Fett zum Braten

Erbsencreme
160 g Erbsen
2 Avocados
Eine Prise Salz oder Kräutersalz
Knoblauch nach Belieben
Eventuell etwas Zitronensaft

Dazu
z. B. Sonnenblumensprossen, Tomaten und Granatapfelkerne

KÜRBISBRATLINGE

MIT OFENKARTOFFELN UND ROTEBEETEZAZIKI

Etwas langsam machen, wenn die Kürbiskerne in den Teig dieser vegetarischen Bratlinge gerührt werden, damit der Teig nicht ganz glatt wird. Dann bieten die Kerne nämlich diesen kleinen, erwünschten Biss, der vegetarischen Bratlingen so oft fehlt.

1. Den Ofen auf 225 Grad vorheizen. Die Kartoffeln waschen, schälen und halbieren oder vierteln. Mit Öl auf ein Backblech legen, salzen, pfeffern und wenden. Auf der mittleren Schiene ca. 25 Minuten im Ofen backen oder bis sie eine schöne Farbe und Konsistenz bekommen haben.
2. Die rohe rote Beete schälen und reiben. Mit Joghurt und Essig verrühren und mit Knoblauch und Salz abschmecken.
3. Zwiebel und Knoblauch hacken. In einem Topf in Öl anbraten. Mit den Bohnen und Kräutern in eine Schüssel geben und glatt rühren. Am Schluss die Kürbiskerne dazugeben und weiterrühren, aber nicht zu viel, etwas Biss ist gut. Semmelbrösel auch darunterrühren.
4. Bratlinge formen und bei mittlerer Hitze braten. Mit Kartoffeln und Zaziki servieren.

VEGAN

Den Joghurt z.B. mit einer Sojaalternative ersetzen.

4 PORTIONEN

Ofenkartoffeln

1 kg neue Kartoffeln
50 ml Olivenöl
Salz und Pfeffer

Rotebeetezaziki

200 g fester Joghurt (10 % Fett)
1 rohe rote Beete
2 TL Weißweinessig
etwas Knoblauch
Salz

Kürbisbratlinge

1 Zwiebel
1 Knoblauchzehe
Raps- oder Olivenöl
200 g gekochte, große, weiße Bohnen (1 Dose)
1 Prise Salz
1 Prise weißer Pfeffer
2 TL Oregano oder Thymian
120 g Kürbiskerne
30 g Semmelbrösel

Dazu

Salat

GNOCCHI

MIT GEBRATENEM BUTTERNUTKÜRBIS

Er schmeckt besser als die üblichen Kürbisse, ist festlicher und perfekt, wenn Sie gern Fotos von hübschem Gemüse im Internet posten. Das hier ist eine milde und buttrige Sauce, die sowohl zu Kartoffelgnocchi also auch zu Tagliatelle gut passt.

4 PORTIONEN
1 Butternutkürbis, gewürfelt etwa 1,2 kg
50 ml Olivenöl
1 TL Salz
60 g Kürbiskerne
1-2 Knoblauchzehen
Öl zum Anbraten
200 g Crème fraîche
100 ml Wasser
1/2 Gemüsebrühwürfel
Gnocchi für 4 Personen
Oregano (frisch oder getrocknet)
Salz und Pfeffer
Kleine Tomaten

1. Den Ofen auf 250 Grad vorheizen.
2. Den Butternutkürbis schälen und würfeln. Auf ein Backblech legen, Öl und Salz darübergeben und umrühren. 30 Minuten auf der oberen Schiene im Ofen backen, ab und zu wenden, damit er nicht anbrennt. Die Stücke sollten weich werden und etwas Farbe bekommen.
3. Wenn sie fast fertig sind, die Kürbiskerne darüber streuen und die letzten Minuten mit rösten, damit sie knusprig und lecker werden.
4. Knoblauch hacken und kurz in einem Topf anbraten, Crème fraîche, Wasser und Brühwürfel dazugeben und aufkochen. Den gebackenen Butternutkürbis hinzufügen und umrühren.
5. Die Gnocchi nach Packungsanweisung kochen.
6. Die Sauce mit Oregano, Salz und Pfeffer abschmecken, Tomaten waschen, schneiden und servieren.

VEGAN

Crème fraîche durch ein Sojaprodukt ersetzen und Kartoffeln oder Nudeln ohne Eier dazu servieren.

BUTTERNUTKÜRBIS
Der Butternutkürbis ist ein Winterkürbis, der den bekannten Kürbissen im Aussehen und Geschmack ähnelt. Er ist mild, etwas süßlich und nussig und perfekt, um im Ofen gebacken zu werden und sieht gut aus! Solange die Schale nicht beschädigt ist, hält er sich ein paar Wochen, man kann ihn also ruhig den halben Winter zur Dekoration in den Obstkorb legen. Man findet ihn im Winterhalbjahr in gutsortierten Lebensmittelläden

MANDELKLÖSSCHEN

MIT KARTOFFEL- UND TOPINAMBURPÜREE

Jedesmal wenn wir diese kleinen Kerle machen, denken wir, wie praktisch, dass es so viele werden, da kann man ein paar einfrieren. Dann stellen wir sie auf den Tisch und hören wie es klirrt und zwanzig Minuten später sind alle Mandelklößchen verschwunden.

4 PORTIONEN

Kartoffel- und Topinamburpüree

12 mehlig kochende Kartoffeln (ca. 1,1 kg ungeschält)
3-4 Topinambur (können durch Kartoffeln ersetzt werden)
2-3 EL Butter oder Margarine für das Püree

Mandelklößchen

Eine Tüte Mandeln (200 g)
80 g große, weiße, gekochte Bohnen
2 Eier
2 Knoblauchzehen
1 kleine Zwiebel
1/2 TL Salz
1 Pr schwarzer Pfeffer
1-2 EL rotes oder grünes Pesto
40 g geriebener Käse
30 g Semmelbrösel oder mehr
Fett, in dem die Klösschen gebraten werden

Dazu

Preiselbeermarmelade und Gemüse, z. B. gekochter Brokkoli, Mais und Zuckerschoten.

1. Kartoffeln und Topinambur schälen und in Stücke schneiden. In leicht gesalzenem Wasser 10–15 Minuten weich kochen.
2. Inzwischen Mandeln, Bohnen, Eier, Zwiebel, Gewürze, Pesto und Käse verrühren. Semmelbrösel unterrühren und ein paar Minuten quellen lassen. Der Teig sollte fest sein, so dass man Klößchen formen kann. Wenn nötig, noch Semmelbrösel dazugeben.
3. ca. 30 kleine Klößchen formen und ein paar Minuten im Wasser kochen, bis sie nach oben steigen. Nicht alle auf einmal, damit sie Platz im Topf haben. Wenn die Zeit drängt, diesen Schritt weglassen, die Klößchen sind dann eventuell etwas cremiger in der Mitte und nicht ganz so rund.
4. Die Klößchen bei mittlerer Hitze in einer Pfanne braten, damit sie goldbraun werden.
5. Das Kochwasser von Kartoffeln und Topinambur fast ganz abgießen und alles zu Kartoffelbrei stampfen. Mit Butter und eventuell Salz und Pfeffer abschmecken. Mit den Mandelklößchen, Preiselbeermarmelade und Gemüse servieren.

TOPINAMBUR

Topinambur gehören zur Familie der Sonnenblumen und bilden unter der Erde kleine Wurzelknollen. Diese Knollen kann man essen, ungefähr so wie Kartoffeln. Topinambur ist ein bisschen kniffig zu schälen, aber ansonsten gibt es nichts Negatives über ihn zu sagen. Er schmeckt nämlich unheimlich gut und ist auch noch sehr gesund. Neben viel Eisen enthalten die Knollen auch ein spezielles Kohlenhydrat, Inulin, das gesund ist, weil es die Lieblingsspeise der guten Darmbakterieren ist. Probieren Sie zum Beispiel mal Topinambur aus dem Ofen aus! Oder als dünne Scheiben im Salat.

TIPP! Servieren Sie die Mandelklößchen auch mal in Pitabrot mit Hummus und Gemüse. Das Rezept für Hummus finden Sie auf Seite 99.

Kinder, Geschmack und Neues essen

Wie schön wäre es, wenn es eine Patentlösung gäbe. Fünfzig Rezepte, die alle Kinder auf der ganzen Welt lieben. Zehn Tipps für Ruhe beim Essen, die in allen Familien funktionieren. Fünf super Tricks, die jeden Kostverächter über Nacht in einen guten Esser verwandeln. Und Weltfrieden! Das wäre auch schön.
Aber nein. So einfach ist das natürlich nicht. Manche Kinder essen gut, sitzen ruhig am Tisch und probieren gern fast alles, was serviert wird. Andere tun das nicht. Wir können leider nicht versprechen, dass alle Rezepte in diesem Buch allen Kindern schmecken, denn das stimmt nicht. Aber wir können ein paar Gedanken und Tipps teilen, die es uns erleichtern, die Zeiten auszuhalten – Monate oder Jahre! – in denen Kinder davon überzeugt zu sein scheinen, dass es reicht, Kekse zu essen. Und zwar immer.

1 Die meisten Kinder sind sehr skeptisch gegenüber neuen Gerichten. Wahrscheinlich ist das ein Überbleibsel aus der Zeit, als die ganze Natur unsere Speisekammer war und man nicht den nächstbesten Pilz in sich reinstopfen sollte, weil er giftig sein konnte. Am schwierigsten ist es zwischen zwei und fünf Jahren. Danach wird es meist besser, langsam, aber sicher. Haben Sie Geduld! Und servieren Sie weiterhin das Essen, das Ihre Kinder Ihrer Meinung nach essen sollten, sonst lernen sie es nie.

2 Eintopf und gemischte Gerichte sind selten sehr beliebt, vermutlich, weil man nicht richtig sehen kann, was drin ist. Oft ist es mit Essen, das in viele kleine Schüsseln aufgeteilt ist, einfacher. Dem Tacomodell also. Das lässt sich auf viele verschiedene Rezepte anwenden.

3 Eine zwiebelige Tomatensuppe mit Stückchen lässt sich wahrscheinlich leichter probieren, wenn sie cremig und glatt püriert wurde – und gern auch noch mit etwas Leckerem und Bekanntem bestreut. Viele Nudelsaucen lassen sich auch gut pürieren, dann sehen sie weniger „eklig“ aus. Kinder mögen das Gefühl, dass etwas aus einer einzigen Zutat besteht.

4 Damit man einen neuen Geschmack kennenlernt, muss man sich trauen, zu probieren. Einmal, zweimal, dreimal, ja vielleicht sogar zwanzigmal. Manche Kinder wagen es nicht, etwas zu kosten und Zwang ist nie ein guter Weg. Aber vielleicht ist es okay, dass sich auf dem Teller ein kleiner Klecks des Neuen befindet? Man kann es Essen zum Ansehen nennen, um sich daran zu gewöhnen. Eines schönen Tages wird vielleicht sogar das Ansehessen geschluckt.

5 Kinder sind Gewohnheitstiere, die anscheinend gar keine Abwechslung brauchen. Studien haben gezeigt, dass sie von einer Mahlzeit zur nächsten sehr einseitig essen, wenn sie frei wählen dürfen. Aber über einen längeren Zeitraum gesehen (Wochen und Monate) entsteht oft eine Ausgewogenheit. Vertrauen Sie dem Kind! Sie sind dafür verantwortlich, dass gutes Essen auf den Tisch kommt und das Kind dafür, was und wie viel es isst.

6 Viele Kinder essen lieber etwas, das sie selbst zubereitet haben. Das ist vielleicht kein Tipp, den man hören will, wenn man in kürzester Zeit ein Abendessen für eine hungrige Familie zusammenbekommen will und zwar ohne dabei auch noch eine Hirnblutung zu erleiden. Nichtsdestotrotz kann das tatsächlich funktionieren. Teilweise.

7 Waren Sie als Kind auch wählerisch? Wählerisch zu sein ist erblich und nichts, wofür man sich schämen muss. Sie sind doch trotzdem groß geworden, nicht wahr? Atmen Sie stattdessen lieber ein paar Mal tief ein, anstatt sich den Mund fusselig zu reden. Oft kommt der Erfolg, wenn man nicht hinsieht.

8 Manche Kinder – und Erwachsene – sind besonders sensibel, was bestimmte Geschmäcker angeht, vor allem bei Bitterem. Oliven, Grapefruit, Rosenkohl und Brokkoli schmecken für sie noch bitterer. Und da bitter oft giftig bedeutet, ist hier schnell Schluss. Diese Kinder brauchen oft noch länger und müssen noch öfter probieren, bevor sie einen neuen Geschmack akzeptieren. Und Sie brauchen noch mehr Geduld.

9 Ein Kind dazu zu zwingen, seinen Teller leer zu essen ist kontraproduktiv, dafür gibt es sogar wissenschaftliche Beweise. Außerdem ist es furchtbar nervig. Eine kleine Erinnerung, dass da noch Essen auf dem Teller liegt und dass man es jetzt essen sollte, ist natürlich schon angebracht. Aber ansonsten ist es für alle Beteiligten am besten, wenn man das meiste Gemecker herunterschluckt.

10 Kindern fällt es oft leichter als uns Erwachsenen, auf ihre Hunger- und Sättigungsgefühle zu hören. Haben Sie deswegen keine Angst! Sie sind Gold wert. Lassen Sie das Kind entscheiden, wie viel Essen es genau heute auf dem Teller haben möchte.

11 Man hat es schon tausend Mal gehört, aber es stimmt einfach: Wir Erwachsene sind die besten Vorbilder für die Kinder. Sitzen Sie ruhig am Tisch, essen Sie Gemüse, probieren Sie das neue Gericht und zeigen Sie, dass Sie finden, dass es sicher und lecker ist – Dadurch erhöhen sich die Chancen, dass das Kind genau dasselbe tut. Nicht heute, nicht morgen, aber schlussendlich doch.

ENDLICH WOCHENENDE!

Plötzlich ist es so weit! Es ist Wochenende und man hat Zeit, ist motiviert. Konfetti für alle! Jetzt kann man die Rezepte in diesem Kapitel angehen. Sie brauchen vielleicht ein bisschen extra Zuwendung, aber wenn sie fertig sind, belohnen sie einen mit einem tollen Wochenendgefühl.

TAPAS

Tapas ist der spanische Ausdruck für Fingerfood, und für dieses Konzept gibt es unendliche Möglichkeiten, eine Mischung zusammenzustellen, bei der jedes Familienmitglied etwas findet, das ihm schmeckt. Hier sechs unserer Favoriten

ZUCCHINIRÖLLCHEN MIT HALLOUMI

4 PORTIONEN
1 kleine Zwiebel
1 Knoblauchzehe
Olivenöl
500 g gewürfelte Tomaten
50 ml Weißwein
1 mittelgroße Zucchini
1 Halloumikäse (200 g)
Eine Prise Zucker
Salz und Pfeffer
Basilikum oder Thymian nach Belieben

1. Den Ofen auf 225 Grad vorheizen.
2. Zwiebel und Knoblauch fein hacken, in einem Topf in Öl anbraten. Gewürfelte Tomaten und Wein dazugeben und köcheln lassen, währenddessen die Zucchiniröllchen vorbereiten.
3. Zucchini waschen und die Enden abschneiden. In lange, dünne Scheiben hobeln.
4. Halloumi in genauso viele Stäbchen schneiden, wie Zucchinischeiben da sind. In jede Scheibe ein Stück Käse einrollen. Nebeneinander in eine ofenfeste Form (ca. 15 x 25 cm) legen. Die Tomatensauce mit etwas Zucker, Salz, Pfeffer und Kräutern abschmecken, über die Zucchiniröllchen geben und auf der mittleren Schiene ca. 20 Minuten backen.

BACKOFENKARTOFFELN

4 PORTIONEN
1 kg Kartoffeln für den Backofen
50 ml Olivenöl
1/2 TL Salz
Eventuell mehr Salz und Pfeffer

1. Ofen auf 225 Grad vorheizen.
2. Kartoffeln waschen und vierteln. Auf ein Backblech legen, Olivenöl darübergießen und wenden. Salzen und auf der mittleren Schiene ca. 30 Minuten backen oder bis die Kartoffeln eine schöne Farbe bekommen haben. Währenddessen immer wieder wenden, damit sie nicht anbrennen.

VEGAN

CHILIAIOLI (ZU DEN OFENKARTOFFELN)

300 ML
2 Eigelb
1 EL Weißweinessig
1 TL Dijonsenf
250 ml Rapsöl
Ein Stück Knoblauchzehe
1 Prise Chiliflocken (findet man bei den Gewürzen)

1. Eigelb, Essig und Senf in einer Schüssel mischen, die stehen bleibt, ohne dass man sie festhalten muss.
2. Das Öl in einem dünnen Strahl dazugießen und gleichzeitig heftig schlagen, bis die Masse dick wird.
3. Mit Knoblauch und Chiliflocken abschmecken und die Kartoffeln eindippen.

Weitere Rezepte auf der nächsten Seite »

ARTISCHOCKEN MIT ZITRONENBUTTER

4 PORTIONEN
4 Artischocken (groß oder klein)
1,5 TL Salz pro Liter Wasser
80 g zimmerwarme Butter
Saft einer Zitrone
ev. schwarzer oder rosa Pfeffer

1. Die Artischocken gut waschen. Den Stiel und die untersten Blätter entfernen. Die großen ca. 40 Minuten und die kleinen 25 Minuten in Salzwasser kochen. Herausheben und das Wasser ablaufen lassen.
2. Butter mit Zitrone und eventuell etwas Pfeffer würzen und zu den Artischocken servieren.

CHAMPIGNONS MIT KNOBLAUCH

4 PORTIONEN
300 g Champignons
2-3 Knoblauchzehen
2 EL Olivenöl
2 EL Balsamessig
3 EL gehackte Petersilie
Salz und Pfeffer

1. Champignons in Stücke schneiden. Knoblauchzehen hacken.
2. Eine Bratpfanne erhitzen und die Champignons ohne Fett hineingeben. Eine Weile anbraten, bis die meiste Feuchtigkeit verdunstet ist. Dann Öl und Knoblauch dazugeben und noch eine Minute weiter braten.
3. Balsamessig und Petersilie dazugeben und mit Salz und Pfeffer abschmecken.

VEGAN

BLÄTTERTEIGPIROGGEN MIT SPINAT UND FETA

20 STÜCK
2 Schalotten
100 g Spinat
150 g Fetakäse
Salz, Pfeffer und Paprikapulver
3 Blätterteigplatten (ca. 250 g)

1. Ofen auf 200 Grad vorheizen. Die Zwiebel klein schneiden und mit dem Spinat z. B. in einem Wok anbraten. Den Feta darüberbröckeln und mit Salz, Pfeffer und Paprikapulver abschmecken.
2. Die Blätterteigplatten ausrollen und mit einem Glas Kreise von cirka 9 cm Durchmesser ausstechen. Mit einem Löffel Füllung daraufgeben und die Ränder zusammendrücken. Es ist wichtig, keine Füllung auf den Rand zu geben, sonst platzen die Pirrogen im Backofen auf.
3. Ca. 10 Minuten auf mittlerer Schiene backen bis die Piroggen schön goldbraun sind. Gern lauwarm servieren.

BACKOFENGEMÜSE

IM PITABROT

Ja, ja, Gemüse ohne Ofen schmeckt auch gut. Aber Gemüse, das vorher schön knusprig gebraten wurde? Das ist noch leckerer. Wir finden, dass das zusammen mit Hummus schon eine vollständige Mahlzeit ist, aber wenn man mehr braucht, dann kann man auch noch Falafel (S. 64) oder Mandelklößchen ins Brot packen (S. 90).

4 PORTIONEN

ca. 1,2 kg Gemüsestückchen z. B. Brokkoli, Blumenkohl, Zucchini, Spargel, Aubergine, Zwiebel und Paprika (genug, um ein Backblech zu bedecken)
2 Knoblauchzehen
50 ml Olivenöl
Salz nach Belieben
60 g Kürbis- oder Sonnenblumenkerne (können weggelassen werden)
4-6 Pitabrote (gekauft oder selbst gebacken)

1. Ofen auf 250 Grad vorheizen.
2. Das Gemüse waschen und in recht kleine Stückchen schneiden. Beim Spargel die holzigen Enden abschneiden. Die Knoblauchzehen hacken.
3. Alles auf ein Backblech legen. Das Gemüse sollte das Blech füllen, aber mehr nicht – Es braucht etwas Platz, um ordentlich zu garen. Olivenöl darübergießen, etwas salzen und mischen.
4. 15-20 Minuten auf der obersten Schiene backen, bis das Gemüse Farbe annimmt. Ab und zu umrühren, damit nichts anbrennt. Gegen Ende die Samen darüberstreuen und die auch etwas rösten.
5. Das Pitabrot mit dem Gemüse und dem Hummus füllen!

VEGAN

HUMMUS MIT GERÖSTETEM SESAM

Oh, diese oberleckere Sauce, voller guter Sachen! Sollte nach dem Essen noch etwas übrig sein, hat man Glück gehabt, denn dann kann man sie später aufs Brot schmieren oder Gemüse hinein dippen. Soll Ihr Hummus etwas milder sein? Dann lassen Sie den Kumin einfach weg.

50 g Sesamsaat
ca. 400 g gekochte Kichererbsen (2 Dosen)
1-2 Knoblauchzehen
100 ml Olivenöl
Eventuell Saft einer Zitrone oder Limette
Salz, Paprikapulver und Kumin nach Belieben

1. Sesam in einer Pfanne ohne Fett rösten, darauf achten, dass er nicht anbrennt, in eine Schüssel geben.
2. Kichererbsen abspülen und mit Knoblauch und Öl in die Schüssel zu dem Sesam geben.
   Die Mischung glatt pürieren, zum Beispiel mit einem Stabmixer.
3. Mit Zitrone/Limette, Salz, Paprikapulver und Kumin abschmecken.

VEGAN

Weitere Rezepte auf der nächsten Seite »

PITABROT

20 STÜCK
25 g Hefe (1/2 Würfel)
50 ml Olivenöl
500 ml Wasser
1 TL Salz
1 TL Zucker
600-660 g Weizenmehl
(+ etwas für das Backblech)

1. Hefe in eine Schüssel bröckeln. Öl und Wasser handwarm (37 Grad) erwärmen und darüber gießen. Umrühren, damit die Hefe sich auflöst.
2. Nach und nach das Mehl dazugeben und zu einem glatten Teig verarbeiten. 45 Minuten gehen lassen.
3. Auf eine bemehlte Arbeitsfläche geben. In ca. 20 Portionen teilen, ausrollen oder rund drücken. Auf das Backblech legen und noch mal 20 Minuten gehen lassen.
4. Auf der mittleren Schiene bei 275 Grad backen, bis das Brot „aufpoppt" und Farbe angenommen hat, ca. 6 Minuten. Immer wieder kontrollieren, das kann ganz schnell gehen! Eine Kante aufschneiden und füllen. Übrig gebliebene Brote einfrieren.

VEGAN

ROTEBEETERISOTTO

MIT GERÖSTETEN MANDELN UND ZIEGENKÄSECREME

Ein Gericht, das entsetzte Kinder „du isst rohes Fleisch“ brüllen lässt. Wir finden jedoch, dass es nicht nur wahnsinnig lecker ist, sondern auch sehr hübsch aussieht. Risotto ist ein vegetarischer Klassiker, den man unendlich variieren kann. Die Basis besteht aus Reis, der mit Brühe, Weißwein und Käse cremig gekocht wird. Dann kann man dem Risotto den Geschmack verpassen, auf den man gerade Lust hat: Pfifferlinge, Spargel, geröstete Tomaten oder grüne Bohnen. Egal, was man nimmt, es ist auf jeden Fall eine gute Idee, diese Köstlichkeit am Schluss mit gerösteten Mandeln und Croutôns zu bestreuen, um auch noch etwas Knuspriges beizusteuern.

4 PORTIONEN
3-4 Schalotten
3 Knoblauchzehen
4 rote Beete (300 g grob gerieben)
2 EL Raps- oder Olivenöl
270 g Avorioreis oder ähnlichen Rundkornreis
200 ml Weißwein
2 EL Gemüsefond
700 ml Wasser
120 g guter Käse, zum Beispiel Parmesan
Salz und Pfeffer

Dazu
100 g halbfester Ziegenfrischkäse
100 g dickflüssiger Joghurt (10 % Fett)
Salat
120 g grob gehackte Mandeln
40 – 60 g Croutôns (fertig gekauft oder Brotwürfel mit Öl und Salz im Ofen rösten)

1. Zwiebeln und Knoblauch fein hacken. Rote Beete schälen und grob reiben.
2. In einem Topf Öl erhitzen und die Zwiebeln kurz anbraten. Dann rote Beete und Reis dazugeben.
3. Den Wein dazugießen und unter Rühren aufkochen lassen. Dann den Fond und etwas Wasser dazugeben und weiter rühren. Das Wasser nach und nach dazugießen, sobald es eingekocht ist. Währenddessen den zerbröckelten Ziegenkäse mit dem Joghurt verrühren.
4. Wenn der Reis al dente ist, den geriebenen Käse einrühren. Mit Pfeffer und eventuell Salz abschmecken.
5. Die Mandeln in einer heißen Pfanne ohne Fett rösten. Das Risotto mit Mandeln, Ziegenkäsecreme, Croutôns und Salat servieren.

LASAGNE

MIT HASELNUSSCREME UND CHAMPIGNONS

Ich weiß nicht, warum diese Lasagne so köstlich schmeckt, aber das tut sie. Vielleicht liegt es an dem nussigen Geschmack? Oder ganz einfach daran, dass sie so super lecker ist.

4 PORTIONEN

100 g Haselnüsse (oder Mandeln oder Sonnenblumenkerne)
500 g Hüttenkäse
1 Bund Petersilie
1 große Aubergine oder zwei kleine
400 g gehackte, frische Champignons (oder andere Pilze)
3 EL Butter
2 Knoblauchzehen
Salz und Pfeffer
80 g geriebener Käse

<u>Béchamelsauce</u>
2 EL Butter
4 EL Weizenmehl
700 ml Milch
1 Gemüsebrühwürfel/1 EL Gemüsefond

ca. 10 Lasagneplatten (getrocknete)

<u>Dazu</u>
ein bunter Salat

1. Den Ofen auf 225 Grad oder die Temperatur, die auf der Lasagnepackung angegeben ist, vorheizen.
2. Die Haselnüsse in einer heißen Pfanne ohne Fett rösten. Mit Hüttenkäse und Petersilie in eine Schüssel geben und mit einem Stabmixer zu einer glatten Creme verrühren.
3. Aubergine und Champignons fein hacken oder schneiden. In Butter und Knoblauch weich braten, bis die Feuchtigkeit fast ganz verdunstet ist. Salzen und pfeffern.
4. Die Butter für die Béchamelsauce in einem Topf schmelzen und das Mehl einrühren. Nach und nach die Milch unterrühren und aufkochen lassen. Brühe oder Fond dazugeben. Unter Rühren 3 Minuten kochen lassen, bis sie eindickt.
5. Béchamelsauce, Lasagneplatten, Haselnusscreme und die Pilz-Auberginenmischung in eine ofenfeste Form schichten: Unten mit Béchamelsauce beginnen und mit Haselnusscreme und Béchamelsauce enden. Es ist wichtig, dass noch Sauce und Creme für die oberste Schicht übrig ist.
6. Den geriebenen Käse und die gehackten Haselnüsse über die Lasagne streuen. Nach Packungsanweisung im Ofen überbacken.

FRISCHE FRÜHLINGSROLLEN

MIT ERDNUSSDIPP

Ja, es ist ein bisschen knifflig, frische Frühlingsrollen zu machen, bis man einmal den Dreh raus hat. Und ja, es sieht ein bisschen so aus, als hätte man Essen in Gummi verpackt. Aber trotzdem! Es lohnt sich, denn sie schmecken einfach wunderbar.

4 PORTIONEN (CA. 16 ROLLEN)

Frühlingsrollen

1-2 Möhren
3 Avocados
400 g Tofu, natur oder eingelegt (findet man oft gekühlt im Käseregal)
7 Stangen Frühlingszwiebeln
200 g Cashewkerne
150 g Bohnensprossen (frisch oder aus dem Glas)
Ein Bund frischer Koriander
ca. 16 Blatt Reispapier (findet man oft in etwas größeren Lebensmittelläden oder im asiatischen Feinkostladen)

Dipp

60 g Erdnussbutter
50 ml heißes Wasser
50 ml süße Chilisauce
2 EL japanische Sojasauce
1 EL Sesamöl

1. Möhren schälen und in dünne Scheiben schneiden, Avocado, Tofu und Frühlingszwiebeln in Scheiben schneiden, die Nüsse grob hacken.
2. Ein Reispapier ca. 15 Sekunden in lauwarmes Wasser legen oder nach Packungsanweisung kochen. Dann Möhre, Avocado, Tofu, Frühlingszwiebeln, Nüsse, Bohnensprossen und ein paar Blatt Koriander in die Mitte legen. Den Teig wie auf der Packung beschrieben einschlagen.
3. Erdnussbutter und heißes Wasser in einer Schale mischen. Süße Chilisauce und Sesamöl dazugeben und servieren.

VEGAN

TIPP! Eine andere Füllung besteht aus pfannengerührten Möhren, Lauch, Bohnensprossen, Cashewkernen, Koriander und gekochten Glasnudeln mit etwas Hoisinsauce und frischem, geriebenem Ingwer. Damit wirken die Frühlingsrollen etwas professioneller und schmecken etwas würziger.

TACOBURGER

Ein Burger, der nach Tacos schmeckt – das Beste aus zwei Welten?
Das Schwierigste bei vegetarischen Bratlingen und Burgern ist, dass sie beim Wenden in der Pfanne nicht auseinanderfallen. Oft steht man da und verflucht den Teig, der einem vor den Augen zerbröselt und man muss zusehen, wie der perfekt geformte Burger zu Brei wird. Aber diese Burger sind vorbildlich einfach zu braten!

Die Basis besteht aus Tofu und Bohnen, mit ein paar klitzekleinen Änderungen ist das hier also ein Burger, den auch Veganer gern essen.

4 PORTIONEN
Burger
200 g gekochte Kidneybohnen (1 Dose)
4 EL Tacogewürz
1 Prise frisch gemahlener, schwarzer Pfeffer
300 g fester Tofu, natur oder eingelegt (findet man oft gekühlt im Käseregal)
100 g Tortillachips, gerne mit z. B. Käsegeschmack
4 EL Weizenmehl
Rapsöl zum Anbraten

Dazu
1 rote Zwiebel
1–2 Avocados
1 Paprika
150 g Mais
Eine Portion Salat oder frischen Spinat
200 g Sauerrahm
1 kleine Knoblauchzehe
4 Hamburgerbrötchen

1. Die rote Zwiebel, Avocado und Paprika als Beilagen in Scheiben schneiden. Mais, Bohnen und Salat waschen.
2. Sauerrahm und etwas Knoblauch für ein Dressing verrühren. (Oder stattdessen etwas Aioli oder Guacamole als Dressing verwenden. Auch lecker!)
3. Bohnen, Tacogewürz und Pfeffer mischen, am besten mit einem Stabmixer in einer Schüssel. Den Tofu mit einer Gabel zerdrücken – es ist gut, wenn der Teig nicht ganz glatt ist.
4. Tortillachips z. B. mit einem Mörser zerkleinern und die Hälfte zusammen mit dem Weizenmehl unter den Teig rühren. Darauf achten, dass die Chips nicht zu grob gewürfelt sind und die Burger gut zusammendrücken, damit sie halten. 4-6 Burger formen und in den restlichen Chipskrümmeln als Panade wälzen.
5. Die Burger ein paar Minuten auf beiden Seiten braten, nicht am Öl sparen. Mit Hamburgerbrot und Beilagen servieren.

VEGAN

Vegane Tortillachips.
Zum Burger etwas klassische Tacosalsa als Dressing geben

TACOGEWÜRZ KANN MAN LEICHT SELBST MACHEN:
Folgendes mischen: 1 EL Chilipulver, 1 EL Zwiebelpulver, 1 EL Kumin, 1 TL Paprikapulver, 1 TL getrockneter Oregano, 1 TL Zucker, 1 TL Salz und 1/2 TL schwarzer Pfeffer. In einem Glas mit Deckel aufheben.

HERZHAFTES CHILI

MIT SCHOKOLADE

„Herzhaft" ist vielleicht ein Wort, das man nicht sehr oft im Zusammenhang mit „vegetarisch" hört, aber dieses Chili ist es wirklich, herzhaft und sättigend und würzig. Der geräucherte Geschmack stammt von der Chipotlepaste. Chipotle sind geräucherte Chilischoten, und die scharfe Würzpaste findet sich wahrscheinlich bei den Gewürzen oder Saucen. Schauen Sie auch im Texmex-Regal des Ladens nach, ob sie dort steht!

4 PORTIONEN
1 Zwiebel
3 Knoblauchzehen
1 rote Chilischote
3 EL Olivenöl
2 EL Kumin
1 EL getrockneter Thymian
1 EL getrockneter Oregano
1 EL Paprikapulver
ca. 300 ml kräftiger Rotwein
1 EL chinesische Sojasauce
1 TL Chipotlepaste
500 g gewürfelte Tomaten
1 Möhre
1 Zucchini
2 kleine Paprika, gerne unterschiedliche Farben
200 g gekochte Kichererbsen oder Borlottibohnen (eine Dose)
200 g Kidneybohnen (eine Dose)
ev. 100–300 ml Wasser
20 gr dunkle Schokolade, gerieben und zerbröckelt
Salz und Pfeffer
10 g frische, glatte Petersilie

Dazu
Brot und Frischkäse

1. Zwiebel und Knoblauch schälen und zusammen mit der Chili hacken, mit oder ohne Kerne, je nachdem wie scharf es sein soll. Alles ein paar Minuten bei mittlerer Hitze in einem gusseisernen Topf anbraten.
2. Kumin, Thymian, Oregano und Paprikapulver dazugeben und noch eine Minute umrühren.
3. Wein, Sojasauce, Chipotle und gewürfelte Tomaten dazugeben und lange mit geschlossenem Deckel köcheln lassen, am besten 40 Minuten.
4. Inzwischen Möhre, Zucchini und Paprika in mittelgroße Stücke schneiden. Kichererbsen und Bohnen abgießen.
5. Wenn die 40 Minuten vorbei sind, zuerst die Möhren und dann Paprika, Zucchini, zuletzt Bohnen dazugeben.
   Kochen lassen, bis alles die gewünschte Konsistenz hat, cirka 15–20 Minuten. Wenn nötig, eventuell noch mit Wasser verdünnen, aber nicht zu sehr! Das Chili soll recht dickflüssig sein.
6. Schokolade unterrühren. Mit Salz und Pfeffer abschmecken. Mit Petersilie bestreuen und mit Brot servieren, gerne auch mit Frischkäse, der passt gut zu Chili!

VEGAN

Milchfreie Schokolade wählen und den Frischkäse weglassen.

VEGETARISCHE TEIGTASCHEN

MIT GLASNUDELSALAT

Es ist eigentlich gar nicht so schwierig, eigene Teigtaschen zuzubereiten. Wir haben einen Mittelweg genommen und fertige Teigplatten gekauft und die so gesparte Energie für unterschiedliche Dipps genutzt. Aber man kann natürlich auch den Teig selbst machen, wenn man die Zeit dafür hat! Die Füllung unbedingt sehr fein hacken, dann ist es einfacher, hübsche Taschen zu formen.

4 PORTIONEN

Dipp mit Chili-Erdnuss

2 EL Erdnussbutter
100 g Sauerrahm
2 EL süße Chilisauce
1 EL japanische Sojasauce

Dipp mit Pflaume und Ingwer

125 g pürierte Dörrpflaumen (1 Babyglässchen)
1 EL japanische Sojasauce
1-2 Prisen Ingwer (getrocknet)

Glasnudelsalat

100 g Glasnudeln
3 EL japanische Sojasauce
1 Knoblauchzehe
1 EL Rapsöl
1,5 EL Limettensaft (1-2 Stk)
150 g Zuckerschoten
1 Paprika
150 g Spitz- oder Weißkohl in Streifen

Teigtaschen

1 Zwiebel
2 Knoblauchzehen
1-2 EL frischer, gehackter Ingwer
1 Möhre
1 Paprika
1 Aubergine
150 g Sojabohnen (aus dem Tiefkühlfach)
80 g Grün-, Weiß- oder Schwarzkohl in Streifen
Rapsöl zum Anbraten
2 EL helle japanische Sojasauce
30-40 aufgetaute Teigtaschenkreise, Wantanteig (aus dem Tiefkühlfach)

1. Zuerst die Dipps: Die Zutaten für die jeweilige Sauce zusammenrühren.
2. Nudelsalat: Die Nudeln nach Packungsanweisung kochen. Knoblauch hacken und mit Sojasauce, Öl und Limettensaft mischen. Das Gemüse fein würfeln oder in Streifen schneiden, kurz pfannenrühren und mit Nudeln und Dressing mischen. Gern kalt servieren.
3. Teigtaschen: Zwiebel, Knoblauch und Ingwer fein hacken. Möhren schälen und grob reiben. Paprika, Aubergine und Sojabohnen waschen und klein schneiden. Den Kohl in feine Streifen schneiden.
4. Öl in einem Wok erhitzen und alles gut pfannenrühren, so dass es Farbe annimmt und sich zu einer guten Füllung verbindet. Mit Sojasauce abschmecken.
5. 1,5 EL Füllung auf einen Teigkreis geben, die Ränder mit etwas Wasser anfeuchten, zusammenklappen und die Ränder gut zusammendrücken.
6. In Öl in einem Wok frittieren. Wenn es zu voll wird, besser nach und nach. Umrühren, damit alle außen knusprig werden. 50 ml Wasser angießen, Deckel schließen und vor dem Servieren eine Minute dämpfen.

VEGAN

Die Sahne durch ein Sojaprodukt ersetzen.

KARTOFFELQUICHE

MIT TRÜFFELSAUCE

Durch den knusprigen Blätterteigboden wird diese Kartoffelquiche üppiger als eine gewöhnliche Quiche und sieht auch noch besser aus!

4 PORTIONEN

Kartoffelquiche

1 kg extra kleine Kartoffeln
1 Bund grüner Spargel (250 g)
1 Zwiebel
1 Knoblauchzehe
Raps- oder Olivenöl zum Anbraten
8 eingelegte, sonnengetrocknete Tomaten
150 g Frischkäse
Frischer Oregano
Salz und Pfeffer
2 Blätterteigplatten

Trüffelsauce

2 Schalotten
200 g Crème fraîche
100 ml Wasser
1-2 TL Gemüsefond oder 1/2 Gemüsebrühwürfel
Trüffelöl oder Trüffelcreme nach Belieben

Dazu

Salat und Brot

1. Kartoffeln waschen und mit Schale weich, aber nicht zu weich kochen. Abkühlen lassen und dann in 1,5 cm dicke Scheiben schneiden.
2. Spargel waschen und die holzigen Enden abschneiden. Den Spargel in 3 cm lange Stücke schneiden. Die Zwiebeln in Ringe schneiden und den Knoblauch hacken. Spargel, Zwiebel und Knoblauch in Öl anbraten.
3. Eine Quicheform einfetten und die Kartoffelscheiben hübsch in die Form legen. Am Ende wird die Form gestürzt, achten Sie also darauf, dass die Schnittfläche der Kartoffeln unten in der Form liegt. Sie wird nachher obenauf sein! Spargel, Zwiebel und sonnengetrocknete Tomaten darauflegen und so viel wie möglich davon in die Zwischenräume zwischen den Kartoffeln drücken.
4. Den Frischkäse in kleinen Stückchen hier und da in der Form verteilen und etwas frischen Oregano darüberstreuen. Wenn die sonnengetrockneten Tomaten in einer guten Marinade lagen, dann gießen Sie ruhig etwas davon über die ganze Füllung, für noch mehr Würze.
5. Den Blätterteig ausrollen und über die Füllung in der Quicheform legen. Eine Teigplatte bedeckt die halbe Form, eine zweite den Rest. Die Teigränder zwischen Füllung und Form stecken, als würde man ein Bett beziehen. Laut Packungsanweisung auf der Blätterteigschachtel im Ofen backen bis der Teig goldbraun und gar ist.
6. Inzwischen die Sauce zubereiten: Zwiebel hacken und in einem Topf weich dünsten. Crème fraîche und Wasser dazugießen und aufkochen lassen. Unter Rühren eine Minute köcheln lassen und dann mit Fond/Brühe und Trüffelöl/Trüffelcrème abschmecken.
7. Die Quiche aus dem Ofen holen und ein paar Minuten abkühlen lassen. Dann mit Hilfe eines großen Tellers stürzen. Sollte sich beim Stürzen die ein oder andere Kartoffel lösen, ist das nicht schlimmer, es ist leicht, die Quiche hinterher wieder zu „reparieren“. Mit frischem Oregano dekorieren. Mit Salat und Brot servieren.

CANNELLONI

MIT TROMPETENPFIFFERLINGEN UND VÄSTERBOTTEN-KÄSE

Mindestens eine von uns hat von diesen Pastaröllchen geträumt, ist mit einem Ruck aufgewacht, hat sich im Bett aufgesetzt und wie ein verschlafener Homer Simpson etwas gedacht wie „mmm... Trompetenpfifferlinge". Die sind einfach oberlecker.

4 PORTIONEN

Tomatensauce

1 Knoblauchzehe
Olivenöl
1 EL Tomatenmark
500 g gewürfelte Tomaten
1 TL Zucker
1 Gemüsebrühwürfel
2 EL Balsamessig
Salz und Pfeffer

Cannelloni

150 g frische Trompetenpfifferlinge
250 g gehackte, frische Champignons
Butter
1 Zwiebel
2 große Möhren
1 Knoblauchzehe
Salz und Pfeffer
500 g Hüttenkäse
Ein halber Bund frischer Thymian
8–12 frische Lasagneplatten

120 g geriebener Västerbotten-Käse oder anderer Hartkäse

Dazu

ein Salat

1. Zuerst die Tomatensauce. Knoblauchzehen hacken und in etwas Öl in einem Topf anbraten. Tomatenmark dazugeben und nach einer Minute die anderen Saucenzutaten (außer Salz und Pfeffer) und die Sauce weiter köcheln lassen, während man sich um den Rest kümmert. Mit Salz und Pfeffer abschmecken.
2. Pilze putzen und klein schneiden und in einer großen Pfanne in Butter anbraten.
3. Zwiebel und Möhre grob reiben und in die Pfanne geben. Knoblauch dazugeben und noch eine Minute anbraten. Mit Salz und Pfeffer abschmecken.
4. Die Pfanne vom Herd nehmen und Hüttenkäse und Thymian unterrühren.
5. Ca. 3 EL Füllung auf die kurze Seite einer Lasagneplatte geben und zu einer Rolle aufrollen. Die Rolle in eine ofenfeste Form legen, mit der Naht nach unten. So weiter machen bis alle Platten und die gesamte Füllung aufgebraucht sind.
6. Tomatensauce über die Röllchen gießen. Mit Käse bestreuen. Laut Anweisung auf dem Lasagnepaket überbacken, ca. 20 Minuten.

MEZE

Das Konzept, viele, kleine Gerichte zu servieren, aus denen sich jeder seinen Liebling aussuchen kann, ist wirklich perfekt für ein Familienabendessen bei dem alle unterschiedliche Geschmäcker haben. Hier unsere freie Interpretation einiger vegetarischer Mezevarianten – Der mediterranen Version eines Smörgåsbords.

TABBOULEH MIT GRANATÄPFELN

In ein traditionelles Tabbouleh gehören frische Tomaten, aber wir haben sie hier durch Granatapfelkerne ersetzt. Dieses Gericht schmeckt besser, wenn man es etwas durchziehen lässt, so dass der Bulgur viel Geschmack aufnehmen kann.

4 PORTIONEN
160 g Bulgur (oder ca. 300 g gekochten Bulgur)
400 ml Wasser oder Tomatensaft + 1 Prise Salz
1 Zwiebel
1 Knoblauchzehe
ca. 100 g fein geschnittene Petersilie
Saft einer Zitrone oder zweier Limetten
50 ml Olivenöl
1 Granatapfel
Salz und Pfeffer

1. Bulgur in Wasser oder Tomatensaft kochen.
2. Zwiebel und Knoblauch fein hacken, Petersilie klein schneiden. Mit dem Saft der Zitrone/Limetten und Olivenöl mischen. Den Bulgur abkühlen lassen und mit den Granatapfelkernen unterrühren. Mit Salz und Pfeffer und eventuell etwas mehr Zitrone/Limette abschmecken.

VEGAN

ARTISCHOCKENCREME MIT KNOBLAUCH

1 Dose Artischocken
2 Knoblauchzehen
100 g gekochte, große, weiße Bohnen
50 ml Olivenöl
Salz und Pfeffer
Paprikapulver
Saft einer Zitrone

1. Artischocken klein schneiden. Knoblauch hacken. Zusammen kurz in einem Topf oder einer Pfanne anbraten.
2. Artischocken und Knoblauch in eine Schüssel geben und zusammen mit den Bohnen mit einem Stabmixer pürieren. Olivenöl unterrühren und mit Salz, Pfeffer, Paprikapulver und Zitronensaft abschmecken.

VEGAN

JOGHURTSAUCE MIT MINZE

200 g dickflüssiger Joghurt (10 % Fett)
2-3 EL fein geschnittene Minze
Salz und Pfeffer
Eventuell Saft einer Zitrone und etwas Olivenöl

Joghurt und Minze mischen. Mit Salz, Pfeffer und eventuell etwas Zitronensaft und Olivenöl abschmecken.

Weitere Rezepte auf der nächsten Seite »

MINIPAPRIKA MIT FRISCHKÄSE AUS DEM OFEN

CA. 8 STÜCK

60 g eingelegte, sonnengetrocknete Tomaten
70 g schwarze Oliven
1 Knoblauchzehe
200 g Frischkäse, z. B. Philadelphia
1–2 TL Thymian (getrocknet)
1/2 Prise weißer Pfeffer
4–5 kleine, bunte Paprika

1. Ofen auf 225 Grad vorheizen.
2. Tomaten, Oliven und Knoblauch hacken und mit Käse und Kräutern mischen.
3. Die gut gewaschenen Paprika mit der Mischung füllen und auf der mittleren Schiene 10–15 Minuten überbacken oder bis sie Farbe bekommen haben.

KNUSPRIGE KÄSERÖLLCHEN

16 STÜCK

300 g Fetakäse
10 g gehackte, frische Minze
10 g gehackte, frische Petersilie
2 Msp weißer Pfeffer
Eventuell 1 Msp Chili
16 Filoteigplatten (25 x 35 cm)
Olivenöl zum Bestreichen

1. Ofen auf 225 Grad vorheizen.
2. Käse in eine Schüssel bröckeln. Kräuter dazugeben und verrühren.
3. Etwas Füllung unten auf die kurze Seite des Filoteigs geben. Die Ränder einschlagen und zusammenrollen. Mit Olivenöl bestreichen und auf der mittleren Schiene 10–15 Minuten überbacken oder bis die Röllchen goldbraun sind.

TEXMEXPLATTE

Die einen lieben es scharf, die anderen gar nicht. Mögen alle Texmex? Hier kann man sich langsam vortasten, was die Schärfe der Salsa, Chilibutter und Quesadillas angeht, so dass niemand am Tisch traumatisiert wird.

MANGOSALSA MIT BOURBON, CHILI UND KORIANDER

Diese Salsa wird mit Bourbon (amerikanischer Whiskey) gewürzt, aber wenn man das nicht mag, kann man ihn auch weglassen.

4 PORTIONEN
1 Mango
1 kleine, rote Zwiebel
1 Schote spanischer Pfeffer
1 TL Rohzucker
1 EL Bourbon (kann weggelassen werden)
Frischer Koriander nach Belieben
Salz und schwarzer Pfeffer

1. Mango schälen und würfeln. Rote Zwiebel und spanischen Pfeffer fein hacken.
2. Alle Zutaten außer Salz und Pfeffer in einer Schüssel mischen. Beim spanischen Pfeffer und dem Koriander sollte man sich langsam vortasten – Wie viel schmeckt gut? Mit Salz und Pfeffer abschmecken

VEGAN

KNUSPRIGE ZWIEBELRINGE

4 PORTIONEN
1 Zwiebel
100 g Panko (asiatisches Paniermehl, kann durch Semmelbrösel ersetzt werden)
1 TL grobes Salz
1 TL getrocknete Chiliflocken
60 g Weizenmehl
1 Ei
Rapsöl

1. Zwiebeln in Scheiben schneiden und in Ringe teilen.
2. In einem Suppenteller Panko mit grobem Salz und Chiliflocken mischen. Weizenmehl und leicht verrührtes Ei in zwei weitere Teller geben.
3. Die Zwiebelringe zuerst im Weizenmehl, dann im Ei und zuletzt in der Pankomischung wälzen.
4. Viel Rapsöl in einer Bratpfanne erhitzen und die Zwiebelringe im Öl goldbraun frittieren.

Weitere Rezepte auf der nächsten Seite »

GEGRILLTE MAISKOLBEN MIT LIMETTEN- & CHILIBUTTER

4 PORTIONEN

1 Chili
1 Limette, gut gewaschen
4 vorgekochte Maiskolben
Butter

1. Chili fein hacken. Die Limettenschale abreiben.
2. Butter, Limettenschale und Chili verrühren.
3. Die Maiskolben grillen oder braten, bis sie Farbe angenommen haben.
4. Mit Chilibutter und Salz servieren.

VEGAN

Butter durch milchfreie Margarine ersetzen.

QUESADILLAS MIT BOHNEN- UND PAPRIKAFÜLLUNG

4 PORTIONEN

½ Zwiebel
1 rote Paprika
Frischer Koriander nach Belieben
200 g gekochte Kidneybohnen (1 Dose)
70 g Mais
100 ml Tacosauce
8 Weizentortillas
120-150 g geriebener Käse
Rapsöl zum Anbraten

1. Zwiebel, Paprika und Koriander fein hacken.
2. Kidneybohnen mit einem Stabmixer pürieren, dann Zwiebel, Paprika, Mais, Tacosauce und Koriander dazugeben.
3. Die Füllung auf eine Tortilla streichen und ordentlich Käse darüber streuen. Dann noch eine Tortilla als Deckel darauflegen und die Köstlichkeit in einer Pfanne in Öl auf beiden Seiten goldbraun anbraten bis der Käse geschmolzen ist.
4. In Dreiecke schneiden und servieren.

PAD THAI

MIT KNUSPRIGEM TOFU

Der Trick, den Tofu hier richtig knusprig hinzubekommen, ist, ihn vor dem Braten in Maisstärke zu wälzen. Das macht einen Riesenunterschied!

1. Sojasauce, Limettensaft und Zucker in einem Glas mischen. Erdnüsse hacken.
2. Möhren schälen und in schmale Streifen schneiden, Frühlingszwiebeln in Scheiben schneiden und Knoblauch hacken. (Ein paar Frühlingszwiebeln zum Garnieren aufheben.) In einem heißen Wok anbraten. Wenn das Gemüse Farbe bekommen hat und weich wird, die Bohnensprossen dazugeben und kurz mitbraten.
3. Reisnudeln 3 Minuten in leicht gesalzenem Wasser kochen. Abschütten und in einem Topf voller kaltem Wasser ruhen lassen.
4. Im Wok Platz für die Eier machen: Immer nur eins aufschlagen, stocken lassen und umrühren. Die abgetropften Nudeln nach und nach hinzufügen und alles so gut wie möglich vermischen. Die Soja-Limetten-Zucker-Sauce darübergießen und weiterrühren bis alles vermischt ist.
5. Maisstärke, Chili und Salz in einer Schüssel mischen, Tofu würfeln und in der Maisstärkemischung wälzen. Den Tofu mit viel Öl in einer extra Pfanne braten bis er Farbe annimmt. Unter die Woknudeln mischen. Die restlichen Frühlingszwiebeln und ein paar Erdnüsse darüberstreuen und servieren.

VEGAN – Die Eier weglassen.

4 PORTIONEN

4 EL japanische Sojasauce
Saft von 1-2 Limetten (insgesamt 2–3 EL)
2 EL Zucker
140 g Erdnüsse
3 Möhren
ca. 7 Stangen Frühlingszwiebeln
3 Knoblauchzehen
Rapsöl
Eine Schachtel frische Bohnensprossen (ca. 150 g)
200 g breite Reisnudeln
3 Eier
40 g Maisstärke (alternativ Kartoffelstärke)
1/2 TL Chiliflocken
1/2 TL Salz
300 g fester Tofu

Dazu passt
Mehr Limette, Erdnüsse, Sojasauce, Chili und Koriander!

TORTELLINI

MIT GERÖSTETER PAPRIKASAUCE

Gefüllte Tortellini kann man selbst machen, wenn man möchte, aber das ist zeitaufwändig und knifflig. Hier haben wir eine Abkürzung genommen und fertige, frische Tortellini gekauft. Oft kann man zwischen verschiedenen vegetarischen Varianten wählen: Pilze, Käse oder Spinat. Wenn Sie welche mit Ricotta finden, dann passen die perfekt zu dieser Sauce.

4 PORTIONEN
5 rote Paprika
3 Schalotten
1-2 Knoblauchzehen
Olivenöl
750 ml Sahne
750 ml Wein
1 Brühwürfel
Pfeffer und Thymian nach Belieben
4 Portionen frische Tortellini

1. Den Ofen (Grill) auf 250 Grad vorheizen.
2. Paprika waschen. Längs aufschneiden, die Kerne entfernen und mit der Haut nach oben auf ein Backblech legen. Grillen bis die Schale schwarz wird und Blasen wirft – ca. 10 Minuten. Das kann je nach Ofen variieren, also im Auge behalten, aber trauen Sie sich ruhig, sie richtig dunkel werden zu lassen, dann kann man sie leichter häuten.
3. Paprika abkühlen lassen und häuten. Es macht nichts, falls noch ein paar hartnäckige Hautstückchen übrig bleiben.
4. Zwiebeln und Knoblauch hacken und in Öl in einem Topf anbraten. Paprika, Sahne, Wein und Brühwürfel dazugeben und ein paar Minuten kochen lassen. Die Sauce z. B. mit einem Stabmixer pürieren.
5. Mit Pfeffer und Thymian abschmecken.
6. Die Tortellini nach Packungsanweisung kochen und sofort servieren.

VEGAN

Sahne durch eine Soja- oder Haferalternative ersetzen und Nudeln ohne Eier dazu servieren.

VEGETARISCH für BABYS

Falls Sie Ihr Baby ausschließlich vegetarisch ernähren wollen, fragen Sie Ihren Kinderarzt um Rat.

Man kann ganz kleinen Kindern auch wunderbar vegetarisches Essen geben, dabei gelten ungefähr dieselben Prinzipien wie wenn man Essen mit Fleisch für Babys kocht: Kochen und pürieren oder weiche Stückchen geben, die das Baby selbst greifen kann.

Für eine komplette, vegetarische Mahlzeit für ein Baby braucht man:

Eine Proteinquelle, zum Beispiel rote Linsen, Mungbohnen, Kichererbsen, Tofu oder Eier. Das sind außerdem Zutaten, die nicht nur Proteine liefern, sondern auch Vitamine und Mineralstoffe. Eine Kohlenhydratquelle, zum Beispiel Nudeln, Kartoffeln, Couscous oder Wurzelgemüse.

Ein oder mehrere Gemüsesorten.

Einen Schuss Rapsöl, der die notwendigen Fettsäuren Omega-3 und Omega-6, die der Körper nicht selbst produzieren kann, enthält.

Getränke, zum Beispiel Muttermilch, Babymilch oder Wasser.

Außerdem gerne Obst als Nachtisch – Dann wird das Eisen im Essen besser aufgenommen.

Jetzt aber schnell!

Manchmal (ziemlich oft) hat das Baby SOFORT Hunger! Was tun?

Avocado ist die perfekte Zwischenmahlzeit, einfach zerdrücken und füttern. Gekochte/konservierte Hülsenfrüchte wie Kichererbsen, Kidneybohnen, Schwarzaugenbohnen und Linsen kann man auch schnell mit etwas Öl oder Pesto pürieren.

Tofu muss nicht unbedingt zubereitet werden, sondern kann auch so gegeben werden.

Grüne Erbsen lassen sich ruckzuck zu einem Püree verrühren. Oder zu einer cremigen Suppe mit Avocado, etwas kochendem Wasser, Knoblauch und ein paar Kräutern.

Rührei – ganz einfach und nahrhaft.

Doch am allereinfachsten und vielleicht am besten: Familienessen! Das Meiste kann man Babys ab sechs Monaten geben – in der richtigen Konsistenz und wenn es nicht zu stark gesalzen ist. Versuchen Sie zum Beispiel Pasta rossa (S. 36), Linsencurry (S. 78) oder cremiges Masala mit drei Bohnensorten (S. 60).

SÜSSES UND FINGERFOOD

Manchmal ist es verkehrt, eine Gusseisenpfanne mit einem mächtigen Eintopf auf den Tisch zu stellen. Zum Beispiel wenn es Zeit für eine Zwischenmahlzeit ist. Wenn es Zeit für einen Smoothie oder anderes ist. Um von der Zeit für Nachtisch gar nicht erst zu reden, ja die Leute könnten glatt glauben, dass Sie den Verstand verloren haben, wenn Sie in so einer Situation ein Linsencurry servieren. Deswegen muss man nicht nervös werden. Es kommt ja noch ein Kapitel. Alles regelt sich.

WIRAX

FRITIERTE AVOCADO

MIT LIMETTENAIOLI

Es klingt vielleicht komisch, Avocado zu frittieren und warm zu essen, aber es lohnt sich wirklich, das auszuprobieren. Besonders, wenn man zu Hause Avocados hat, die noch nicht weich genug zum Essen sind und man keine Geduld mehr hat, darauf zu warten, dass sie nachreifen. Sehr lecker, sehr sättigend und fast süchtigmachend

Frittierte Avocado
4 PORTIONEN
60 g Weizenmehl
1/2 TL Kräutersalz
1-2 Eier
100 g Panko (asiatisches Paniermehl, kann durch Semmelbrösel ersetzt werden)
2 Avocados (lieber zu fest als zu weich)
Öl zum Frittieren, z. B. raffiniertes Olivenöl

Limettenaioli
300 ml
2 Eigelbe
1 EL Weißweinessig
1 TL Dijonsenf
250 ml Rapsöl
Eine Knoblauchzehe
Saft einer Limette

FRITIERTE AVOCADO

1. In einem Teller Mehl und Kräutersalz mischen.
2. In einem Suppenteller die Eier mit einer Gabel verrühren.
3. Panko in einen dritten Teller geben.
4. Avocado in Stücke schneiden und jedes Stück zuerst im Mehl, dann in den Eiern und zuletzt im Panko wälzen und dann vorsichtig frittieren – oder einfacher: In Öl goldbraun und knusprig braten (Dabei verbraucht man auch nicht so viel Öl). Auf Küchenkrepp abtropfen lassen und mit Limettenaioli servieren.

LIMETTENAIOLI

1. Eigelb, Essig und Senf in einer Schüssel mischen, die stehen bleibt, ohne dass man sie festhalten muss.
2. Das Öl in einem dünnen Strahl dazugießen und gleichzeitig heftig schlagen, bis die Masse dick wird.
3. Mit Knoblauch und Limettensaft abschmecken.

EIS

IN ALLEN FARBEN

Es ist fast lächerlich einfach, Eis am Stiel aus Früchten selbst zu machen. Und wenn man einmal damit begonnen hat, verschiedene Geschmacks-kombinationen auszuprobieren und gemerkt hat, wie viel Erfolg man damit hat, ist es schwer, wieder aufzuhören. Und warum sollte man auch? Eis ist lecker.
Das Einzige, was ein bisschen schwierig sein kann, ist, die Formen zu finden, in denen das Eis gefriert. Manchmal bekommt man Formen in normalen Haushaltsläden, aber wenn man keine findet, dann kann man sie auch im Internet bestellen.

ZUCKERSIRUP

Für alle Eissorten braucht man denselben Zuckersirup.
Für 10 Eis braucht man:
200 ml Wasser
150 g Rohzucker

1. Wasser und Zucker in einem Topf aufkochen und köcheln lassen, bis sich der Zucker aufgelöst hat.
2. Den Topf von der Kochplatte nehmen. Eventuell Kräuter dazugeben (falls das in dem ausgewählten Eisrezept vorkommt). Abkühlen lassen.

HIMBEEREN & SAHNE

10 EIS
500 g Himbeeren
200 ml Zuckersirup (s. o.)
125 ml Schlagsahne

1. Himbeeren in eine Schüssel geben und mit einem Stabmixer pürieren.
2. Die Hälfte des Zuckersirups dazugeben und gut umrühren. Abschmecken! Himbeeren sind unterschiedlich süß, es kann daher gut sein, dass man nicht den ganzen Zuckersirup braucht, wenn es schon vorher süß genug ist!
3. Die flüssige Sahne dazugeben und nur ganz kurz umrühren, es soll ruhig gestreift aussehen, dann wird das Eis besonders hübsch.
4. Die Himbeermischung in die Eisformen füllen und für 4–5 Stunden in den Gefrierschrank stellen.

BLAUBEEREN & KARDAMOM

10 EIS
500 g Blaubeeren
200 ml Zuckersirup
2 TL Zitronensaft
1–2 Msp gemahlener Kardamom (der wird in den Zuckersirup eingerührt, wenn man ihn kocht).

1. Blaubeeren in eine Schüssel geben und mit einem Stabmixer pürieren.
2. Die Hälfte des Zuckersirups dazugeben und gut umrühren. Abschmecken! Es kann sein, dass man nicht den ganzen Zuckersirup braucht, wenn es schon vorher süß genug ist!
3. Die Blaubeermischung in die Eisformen füllen und für 4–5 Stunden in den Gefrierschrank stellen.

MANGO & HOLUNDERBEEREN

10 EIS
500 g gewürfelte Mango (TK passt gut!)
50 ml Holunderbeerensaftkonzentrat
150 ml Zuckersirup

1. Mangowürfel in eine Schüssel geben und mit einem Stabmixer pürieren.
2. Den Holunderbeerensaft und etwas Zuckersirup dazugeben. Abschmecken! Es kann sein, dass man nicht den ganzen Zuckersirup braucht, wenn es schon vorher süß genug ist!
3. Die Mangomischung in die Eisformen füllen und für 4–5 Stunden in den Gefrierschrank stellen.

VEGAN

Die Sahne im Himbeereis durch ein Hafer- oder Sojaprodukt ersetzen.

Tipp!
Übrig gebliebene Mixgetränke in den Gefrierschrank stellen, später herausnehmen, kurz antauen lassen und als Sorbet servieren!

GEMIXTE ZWISCHEN-MAHLZEIT

Den Stabmixer herauszuholen und sich auf Früchte zu stürzen, ist eine einfache Art, eine gesunde Zwischenmahlzeit zuzubereiten, und es eröffnet unendliche Möglichkeiten, etwas Gesundes unter der bunten Oberfläche zu „verstecken". Also, falls man jemanden, der Angst vor gesunden Dingen hat, etwas hinters Licht führen will.

BIRNENSMOOTHIE MIT BLAUBEEREN

Wenn die Früchte im Obstkorb deprimierend aussehen, ist es Zeit für Smoothies. Die fast überreife Birne verleiht diesem Joghurtdrink einen super Geschmack.

2 PORTIONEN
50 g Blaubeeren
1 sehr reife Birne
100 g Joghurt
100 ml Milch oder mehr
1/2 Avocado (kann weggelassen werden, sättigt aber gut)
Etwas Limettensaft

Alles vermischen. Bis zur gewünschten Konsistenz Milch dazugeben und mit Limettensaft abschmecken.

VEGAN

Joghurt und Milch im Smoothie gegen Hafer- oder Sojaprodukte austauschen.

ORANGEN-PFIRSICHSAFT

Abgesehen davon, dass diese Kombination der säuerlichen Apfelsine und des süßen Pfirsichs sehr lecker schmeckt, ist das hier auch noch eine echte Vitaminbombe, voller Vitamin C.

2 PORTIONEN
3 Orangen
2 Pfirsiche
1 Passionsfrucht

Orangen und Pfirsiche schälen und das Fruchtfleisch aus der Passionsfrucht löffeln. In einem Mixer verrühren und servieren.

ERDBEERSLUSH MIT HOLUNDERBEEREN UND ZITRONE

Ein Drink, der in maximal zwei Minuten fertig ist, der aber wahnsinnig gut schmeckt. Außerdem enthält er Folsäure, Eisen und Magnesium.

2 PORTIONEN
300 ml fertiger Holunderbeerensaft, gern ziemlich stark
250 g TK- Erdbeeren
3 Eiswürfel
Etwas Zitronensaft
Eventuell Zitronenmelisse

Saft und Erdbeeren in einer hohen Schüssel glatt mischen. Die Eiswürfel dazugeben und weitermixen. Mit etwas Zitrone abschmecken und mit einem Zweig Zitronenmelisse dekorieren.

WAS IST AGAR-AGAR? Agar-Agar ist ein veganes Geliermittel, das aus Rotalgen hergestellt wird. In Japan und China wird es bereits seit Jahrhunderten verwendet, bei uns ist es dagegen immer noch nicht weit verbreitet. Man findet es im Biomarkt oder im Supermarkt bei den Backzutaten. Agar-Agar-Pulver gelieren nicht immer gleich stark, es kann also sein, dass man etwas mehr oder weniger braucht als im Rezept angegeben.

Das erste Mal als wir von Schokoladenmousse mit Avocado gehört haben, fanden wir, dass es ehrlich gesagt, etwas eklig klingt. Aber probieren Sie es mal! Besonders, wenn Sie zu Hause eine Avocado haben, die die perfekte Reife schon überschritten hat. Die ist genau richtig, um daraus einen Nachtisch zu zaubern. Das Ergebnis ist eine zarte und cremige Mousse ohne ein einziges Milchprodukt, die außerdem in fünf Minuten fertig ist.
Wenn man will, kann man die Schokoladenmousse mit Vanille, Zimt oder Kardamom würzen. Aber das muss man eigentlich gar nicht. Sie schmeckt auch in ihrer Einfachheit super.

PANNACOTTA
MIT KARDAMOM UND PASSIONSFRUCHT

Normalerweise enthält Pannacotta Gelatine, aber da Gelatine nicht zu vegetarischem Essen passt, haben wir sie hier durch Agar-Agar ersetzt. Das funktioniert genauso gut! Die Gewürze für die Pannacotta kann man variieren. Versuchen Sie es z. B. mal mit Zimt anstelle von Kardamom, Vanille oder Safran und servieren Sie Äpfel, Blaubeeren oder Granatapfelkerne dazu.

4–6 PORTIONEN
300 ml Sahne
45 g Zucker
1–2 Msp Kardamom
1/3 TL Agar-Agar Pulver
3 Passionsfrüchte
Eventuell Zitronenmelisse

1. Alle Zutaten außer Passionfrucht und Zitronenmelisse in einem Topf mischen.
2. Unter Rühren aufkochen und ca. 1 Minute sieden lassen. In kleine Gläser oder Formen geben und ein paar Stunden kalt stellen.
3. Das Fruchtfleisch aus der Passionsfrucht kratzen und auf die Pannacotta geben. Wenn gewünscht, mit Zitronenmelisse dekorieren und servieren.

SCHOKOLADENMOUSSE
MIT AVOCADO

1. Das Avocadofleisch mit Datteln, Kakao, Wasser und Honig in eine Schüssel geben.
2. Zu einer glatten Creme verrühren und mit Zitronensaft abschmecken.
3. Mit Beeren verzieren!

4 PORTIONEN
3 sehr reife Avocados (besser zu weich als zu hart)
10 Datteln ohne Kerne
60 g Kakao
50 ml Wasser
ca. 2 EL Honig (Honig darf Kindern unter einem Jahr nicht gegeben werden)
Saft einer Zitrone (kann weggelassen werden)
Mit Beeren servieren, z. B. Himbeeren

VEGAN

Anstatt Honig Ahornsirup verwenden.

ZWISCHENMAHLZEITEN UND KUCHEN

MUFFINS MIT MÖHRE UND ZIMT

Wenn man sich ins Grenzland zwischen rundum Gesundem und leckeren Kuchen begibt, landet man irgendwo bei diesem Rezept. Man kann also ganz entspannt und fröhlich Muffins als Zwischenmahlzeit essen, ohne dass das irgendwie bedenklich wäre. Das ist doch sehr praktisch! Die Möhren kann man durch geriebene Birne, Äpfel oder zerdrückte Bananen ersetzen, um den Geschmack zu variieren und statt Haferflocken kann man Müsli nehmen. Sollten Muffins übrig bleiben, dann frieren Sie sie ein.

18 STÜCK
240 g Weizenmehl
90 g Haferkleie oder Haferflocken
1 Prise Salz
2 TL Backpulver
1 EL Zimt
45 g Rohzucker oder normalen
160 g fein geriebene Möhre (3-4 Möhren)
150 ml Rapsöl
200 g weißer Joghurt
2 Eier

1. Ofen auf 200 Grad vorheizen.
2. Weizenmehl, Haferkleie, Salz, Backpulver, Zimt und Zucker in einer Schüssel mischen.
3. Die Möhren schälen, fein reiben und zusammen mit Öl, Joghurt und Eiern dazugeben und zu einem glatten Teig verrühren. In die Formen füllen.
4. Auf der mittleren Schiene ca. 20 Minuten backen, bis die Muffins eine gute Farbe haben. Allein oder mit Butter und Käse servieren.

ENERGIEKUGELN MIT DATTELN UND SCHOKOLADE

Äußerlich sehen sie verdächtig nach normalen Schokoladenkugeln aus, aber sie sind viel gesünder. Jedenfalls wenn man mit „gesünder“ meint, dass sie mehr Samen und Obst und weniger weißen Zucker enthalten.

CA. 30 KUGELN
200 g frische Datteln ohne Kern (ca. 20 Stück)
75 ml Rapsöl
60 g Sonnenblumenkerne
45 g Sesamsamen
35 g Kokosraspeln + etwas mehr, um die Kugeln darin zu wälzen
2 EL Kakao
80 g Haferflocken

1. Datteln und Öl in der Küchenmaschine oder mit einem Stabmixer mischen. Die restlichen Zutaten dazugeben und weiterrühren. Geduldig rühren, alles soll sich gut verbinden.
2. Kugeln oder Würfel formen und in Kokosraspeln wälzen. Trocken und kühl aufbewahren.

VEGAN

Weitere Rezepte auf der nächsten Seite »

FLAPJACKS MIT PAPAYA UND CASHEWKERNEN

Flapjacks ist ein hübscher Name für richtig gesunde Haferkekse voller Nährstoffe. Sie werden auf einem Backblech gebacken, vollgepumpt mit Nüssen und Samen und Obst, dann schneidet man sie in Stangen. Schließlich serviert man sie als Zwischenmahlzeit und denkt dabei etwas wie „Also das ist sicher besser als ein Teilchen vom Bäcker."

10 STÜCK
50 g getrocknete Papaya
60 g Sonnenblumenkerne
60 g fein gehackte Cashewkerne/Mandeln
160 g kernige Haferflocken
60 g Weizenmehl
1/2 TL Zimt
100 g Butter
2 EL Rohzucker (oder normalen)
60 g Honig oder Sirup (Honig darf Kindern unter einem Jahr nicht gegeben werden)

1. Ofen auf 150 Grad vorheizen.
2. Papaya, Sonnenblumenkerne und Nüsse fein hacken. In einer Schüssel mit Haferflocken, Weizenmehl und Zimt mischen.
3. Butter, Zucker und Honig in einem Topf schmelzen. In die Schüssel gießen und zu einer Masse verrühren. In eine Form (20 x 25 cm) geben oder auf ein mit Backpapier ausgelegtes Backblech streichen. Es ist wichtig, dass der Teig fest zusammen gedrückt wird, damit er später nicht auseinanderfällt.
4. Auf der mittleren Schiene ca. 30 Minuten backen oder bis die Masse am Rand etwas Farbe bekommt. Kurz abkühlen lassen, dann in Stangen schneiden und trocken aufbewahren.

VEGAN

Eine milchfreie Margarine und Sirup anstelle von Honig benutzen. Milchfreies Brot auswählen.

WALNÜSSE Probieren Sie mal, anstelle der Cashewkerne, Walnüsse zu benutzen. Walnüsse enthalten Omega-3, eine wichtige Fettsäure, die der Körper nicht selbst produzieren kann. Wenn man vegetarisch isst, ist es besonders wichtig, genug Omega-3-Fettsäuren zu sich zu nehmen, weil man sie in wenigen Gemüsesorten findet.

FINGERFOOD

Vier Salzige und ein Süßes und schon hat man ein komplettes Fingerfoodabendessen. Oder gute Ideen für das nächste Fest. Für diejenigen, die Fingerfood nicht sonderlich mögen, schlagen wir Fruchtspieße als Alternative zu diesen Rezepten vor.

BRIEWÜRFEL MIT HONIG UND NUSSKRUSTE

CA. 20 STÜCK

120 g gemischte Nüsse/Samen
1 TL grobes Salz
200 g Brie
2 EL flüssiger Honig (Honig darf Kindern unter einem Jahr nicht gegeben werden)

1. Nüsse und Samen in einer Pfanne ohne Fett rösten. Mit einem Stabmixer zerkleinern und das grobe Salz dazugeben.
2. Den Käse in die gewünschte Form schneiden – Würfel, Dreiecke oder Rechtecke.
3. Den flüssigen Honig ein paar Sekunden erwärmen (in der Mikrowelle oder einem Topf), so dass er wirklich leichtflüssig ist. Die Käsestückchen mit Honig einpinseln und in der Nussmischung wälzen. Bis zum Servieren kalt stellen. Die Würfel schmecken frisch zubereitet am besten, aber sie können auch ein paar Stunden auf die Gäste warten.

MINIBRUSCHETTA MIT TOMATEN UND BASILIKUM

CA. 20 STÜCK

5 Tomaten
1 kleine weiße oder rote Zwiebel
2 Knoblauchzehen
50 ml Olivenöl
20-25 frische Basilikumblätter
Salz und Pfeffer
1 Baguette

1. Tomaten fein würfeln und in einen Durchschlag legen, damit sie abtropfen können. Dann in eine Schüssel geben.
2. Zwiebel fein hacken und dazugeben, den ausgepressten Knoblauch, Olivenöl und Basilikumblätter, gehackt oder geschnitten, dazutun. Die Mischung mit Salz und Pfeffer abschmecken.
3. Das Baguette in Scheiben schneiden und auf ein Backofengitter legen. Bei 200 Grad leicht im Ofen rösten. Wenden, damit die Scheiben auf beiden Seiten bräunen.
4. Kurz vorm Servieren: Einen Klecks Tomatenmischung auf jede Baguettescheibe geben.

VEGAN Milchfreies Brot nehmen.

Weitere Rezepte auf der nächsten Seite »

RÖMISCHE PASTETEN MIT AVOCADO, CHILI & LIMETTE

CA. 20 STÜCK
2 Avocados
1 kleine rote Zwiebel
ein paar TL fein gehackte, frische Chili (je nachdem wie scharf es werden soll)
Saft einer Limette, ca. 1 EL
150 g Crème fraîche
Salz und Pfeffer
ca. 20 kleine Pasteten (findet man im Laden oft bei den Keksen)

1. Avocado aus der Schale lösen und würfeln. Zwiebel und Chili fein hacken.
2. Avocado mit Zwiebel, Limette und Crème fraîche mischen.
3. Mit Salz und Pfeffer abschmecken.
4. Die Füllung erst kurz vor dem Servieren in die Pasteten füllen, damit sie nicht weich werden.

GRÜNE OLIVENCREME MIT KAPERN

CA. 20 STÜCK
80 g Kapern
150 g grüne Oliven ohne Kerne
1 Knoblauchzehe
2 EL Olivenöl
Salz und Pfeffer
ca. 20 Stk Cracker oder Miniknäckebrot

1. Kapern, Oliven, Knoblauch und Öl zu einer glatten Masse verrühren, z. B. mit Hilfe eines Stabmixers.
2. Mit Salz und Pfeffer abschmecken! Aber daran denken, dass Kapern und Oliven schon salzig sind, wahrscheinlich braucht man kaum noch Salz.
3. Die Creme kurz vorm Servieren auf die Cracker geben.

VEGAN Vegane Cracker wählen.

BLAUBEERBROWNIES

Kein Fingerfoodbuffet ist komplett ohne Nachtisch, das ist doch klar. Man kann diese Brownies schon vorher zubereiten, sie bleiben mehrere Tage frisch.

CA. 20 KLEINE STÜCKCHEN
100 g Blaubeeren (frisch oder TK)
50 g Butter oder Margarine
200 g dunkle Schokolade
30 g Weizenmehl
1 TL Vanillezucker
1 Ei
20 Walnüsse ganz oder gehackt
eventuell kleine Marshmallowstückchen

1. Den Ofen auf 200 Grad vorheizen.
2. Blaubeeren und Butter oder Margarine in einem Topf erhitzen, so dass das Fett schmilzt. Von der Herdplatte ziehen und die Hälfte der Schokolade (100 g) in die Mischung bröckeln und umrühren, bis die Schokolade schmilzt.
3. Weizenmehl, Vanillezucker und Eier dazugeben und zu einem glatten Teig verrühren.
4. Den Teig in eine gefettete Ofenform, ca. 25 cm lang und 10 cm breit, geben. Auf mittlerer Schiene 10 Minuten backen oder bis der Kuchen gerade etwas fest geworden ist, aber nicht mehr. Er darf gerne innen weich sein.
5. Die restliche Schokolade (100 g) im Wasserbad schmelzen: Dafür Wasser in einem Topf aufkochen und einen Teller oder eine Metallschüssel darauf stellen. Die Schokolade in den Teller/die Schüssel bröckeln und umrühren, bis sie schmilzt.
6. Den Kuchen mit der Schokolade überziehen, die Nüsse (ganz oder gehackt) und eventuell kleine Marshmallowstückchen darauf verteilen. Im Kühlschrank fest werden lassen und dann mit einem scharfen Messer in Würfel schneiden.

MINIPAVLOVAS

Baiserböden in der Größe einer Einzelportion, die jeder Gast nach seinen Vorlieben und seinem Geschmack verzieren kann – das ist vielleicht unser größter Festerfolg bisher! Alle dürfen entscheiden! Alle sind glücklich! Sogar diejenigen, die kein Gluten vertragen, solange sie auch glutenfreie Toppings wählen. Das Baiser ist leicht zu machen und kann ein paar Tage im Voraus gebacken werden, wenn man es bis zum Servieren trocken aufbewahrt.

CA. 12 STÜCK

Baiserböden
4 Eiweiß
180 g Zucker
1 TL Essig
1 EL Maisstärke
Butter fürs Backpapier

Sauce
3 Passionsfrüchte
3 EL Lemoncurd

Topping, z. B.:
200–300 ml Schlagsahne
Beeren
Obst
Streusel
Nüsse
Bonbons

BAISERBÖDEN:

1. Eiweiß zu festem Schnee schlagen.
2. Zucker einrieseln lassen und weiterschlagen bis die Masse glänzend wird und sich in langen, glatten Spitzen von den Rührern ziehen lässt. Maisstärke und Essig dazugeben und verrühren.
3. Auf Backpapier Kreise (ca. 10 cm Durchmesser) mit Butter bestreichen. Den Baiserteig darauf geben und gleichmäßig verteilen.
4. 1 Stunde und 15 Minuten bei 125 Grad im Ofen backen. Dann den Backofen ausschalten und die Baisers noch einige Stunden oder über Nacht im Ofen stehen lassen.

SAUCE UND TOPPING:

Das Fruchtfleisch aus der Passionsfrucht in eine Schale löffeln und mit dem Lemoncurd verrühren. Diese frische, säuerliche Sauce passt perfekt zu den süßen Baisers und der Sahne. Wir geben meist zuerst etwas Sauce auf das Baiser, dann die Sahne und zum Schluss obenauf einen kleinen Berg Beeren/Nüsse/Bonbons.

LEMONCURD SELBST MACHEN?

2 Zitronen auspressen und mit 60 g Zucker und 100 g Butter in einen Topf geben. Erwärmen bis alles schmilzt. 2 Eier mit 60 g Zucker verrühren und in den Topf gießen. Unter Rühren erhitzen bis alles fest wird. Achtung! Es darf nicht kochen, sonst gerinnt sehr. Den restlichen Lemoncurd kalt in einem Glas mit Deckel aufheben und innerhalb einer Woche verbrauchen.

SCHOKOLADENKUGEL-PRALINEN

Vielleicht das familienfreundlichste Backwerk der Welt? In diesem Schokoladenteig steckt Haferkleie anstelle der üblichen Haferflocken, dadurch wird der Teig cremiger und weicher, einfach eher wie noble Pralinen. Aber immer noch ganz leicht zu machen.

CA. 30 STÜCK
90 g Haferkleie
120 g Weizenmehl
90 g Zucker (weißer oder Rohzucker)
20 g Kakao
150 g zimmerwarme Butter
Etwas Leckeres, um sie darin zu wälzen (s. Vorschläge unten)

Alles, außer dem „Wälzmaterial" zu einem glatten Teig verarbeiten, zu Kugeln rollen und in etwas Leckerem wälzen. Kühl aufbewahren.

VEGAN Butter durch milchfreie Margarine ersetzen und in vegetarischem „Wälzmaterial" rollen.

GUT, UM DIE KUGELN DARIN ZU WÄLZEN:
Puderzucker
Vanillezucker
Sesamsaat
Streusel
Kokosraspeln
Gehackte Nüsse oder Mandeln
Geschmolzene Schokolade (schnell eintauchen!)
Kakao

HAFERKLEIE Kaum etwas klingt langweiliger als Haferkleie, aber wenn man mal an dem Gesundheitsstempel vorbeisieht, ist Haferkleie was richtig Tolles. Sie kann zum Beispiel den ganz normalen Teig für Schokoladenkugeln in einen weichen Pralinenteig verwandeln. Bloß diese eine Zutat! Haferkleie ist außerdem ernährungsmässig ein Liebling, man kann sagen, dass sie ein Konzentrat von allem Gesunden der Haferflocken ist: Reich an Vitamin E, Phosphor und Eisen und nicht zuletzt dem Stoff Beta-Glucan, der für ein gutes Klima in den Blutgefäßen sorgt.

REZEPTREGISTER

DANKE

... ans Internet, durch das Sara Lisas Blog überhaupt entdeckte und sich traute, eine Mail zu schicken. „Wir sind fast Nachbarn und unsere Kinder sind gleich alt und wir mögen beide vegetarisches Essen und Bücher. Darf ich dich mit ein paar Zimtschnecken besuchen und mit dir über eine Idee sprechen?“ Nach einer einfacheren und netteren Zusammenarbeit muss man wirklich suchen.

... an alle die unsere Rezepte probegekocht haben und wertvolle Rückmeldungen, Tipps und Ideen hatten.

... an den Verlag Ordfront allgemein und Stefan im Besonderen. Weil du streng, aber gerecht bist und die Dinge oft auf eine gute Art anders als wir siehst. Und weil du Homer Simpson im Manuskript gelassen hast.

... an Ulrika, für alle tollen Fotos und superlustige Fototage und weil du uns gezeigt hast, wie man hübsch kleckert.

... an Katy, weil alles, was du grafisch umsetzt, so schön wird, dass einem die Tränen kommen.

... an Jakob und Gustav, weil ihr uns die Küche überlassen habt, tausend Tipps hattet und immer und immer wieder dieselben Gerichte probiert habt. Jetzt sind wir fertig! Jetzt könnt ihr wieder kochen.

... an alle supersüßen, aber unbestechlichen Kinder in unserem unmittelbaren Umfeld, die uns täglich am Esstisch mehr oder weniger in den Wahnsinn treiben. Rufus, Svante, Nora, Edit und Lea – jedes Pfannkuchenrezept in diesem Buch ist für euch. Wir lieben es, wenn ihr esst.